普通高等教育经管类专业"十三五"规划教材

用友ERP财务管理系统 实验教程（第2版）

（U8 V10.1）新税制 微课版

王新玲 主 编

清华大学出版社

北京

内 容 简 介

本书以突出实战为主导思想，以一个企业常见的经济业务为原型，重点介绍了信息化环境下各项财务业务的处理方法和处理流程。书中为读者贴身定做了十几个实验并提供了实验准备账套、结果账套和每一项业务处理的微课视频，每个实验既环环相扣，又可以独立运作，适应了不同层次教学的需要。

本书共分为 8 章，第 1 章和第 2 章介绍了用友 U8 V10.1 管理软件的使用基础——系统管理和基础设置；第 3 章～第 8 章分别介绍了用友 U8 财务管理系统中最重要和最基础的总账、报表、薪资管理、固定资产、应收款管理和应付款管理 6 个模块的基本功能，并以实验的形式介绍了 6 个模块的使用方法。

本书是用友 ERP 认证系列实验用书，也可用作普通高等院校本科和专科会计及经济管理等相关专业的教学实验用书。

图书在版编目(CIP)数据

用友 ERP 财务管理系统实验教程：U8 V10.1：新税制：微课版 / 王新玲 主编. —2版. —北京：清华大学出版社，2020.1（2022.8重印）

普通高等教育经管类专业"十三五"规划教材

ISBN 978-7-302-53872-1

Ⅰ.①用… Ⅱ.①王… Ⅲ.①财务软件－高等学校－教材 Ⅳ.①F232

中国版本图书馆 CIP 数据核字(2019)第212924号

责任编辑：刘金喜
封面设计：常雪影
版式设计：思创景点
责任校对：成凤进
责任印制：朱雨萌

出版发行：清华大学出版社
    网 址：http://www.tup.com.cn，http://www.wqbook.com
    地 址：北京清华大学学研大厦 A 座   邮 编：100084
    社 总 机：010-83470000   邮 购：010-62786544
    投稿与读者服务：010-62776969，c-service@tup.tsinghua.edu.cn
    质 量 反 馈：010-62772015，zhiliang@tup.tsinghua.edu.cn
    课 件 下 载：http://www.tup.com.cn，010-62794504
印 装 者：北京同文印刷有限责任公司
经 销：全国新华书店
开 本：185mm×260mm   印 张：16.75   字 数：377 千字
版 次：2017 年 6 月第 1 版 2020 年 1 月第 2 版 印 次：2022 年 8 月第 14 次印刷
定 价：58.00 元

产品编号：084084-01

前　言

　　本书从企业应用的实际出发，遵循由浅入深、循序渐进的原则，力求通俗易懂，便于操作。读者可以通过每一个实验亲自体验 U8 财务管理系统的功能，掌握其功能特点及应用方式，提高信息化环境下的业务处理能力。

　　本书共分为 8 章，以用友 U8 V10.1 为实验平台，以一个单位的经济业务贯穿始终，分别介绍了管理软件的使用基础——系统管理和基础设置，以及 ERP 财务管理系统中最重要和最基础的总账、报表、薪资管理、固定资产、应收款管理和应付款管理 6 个子系统的应用方法。每章内容都包括功能概述、实验目的与要求及教学建议，每个实验都包括实验准备、实验要求、实验资料和实验指导。

- 功能概述主要介绍了各个系统的基本功能。
- 实验目的与要求部分明确了通过该实验应该掌握的知识点。
- 教学建议中提示了在教学过程中应该注意的问题和建议的教学时间。
- 实验准备部分指出了为完成本实验应该准备的数据环境。
- 实验要求部分对实验内容提出了具体要求。
- 实验资料部分提供了企业业务数据作为实验的背景资料。
- 实验指导部分针对实验要求和实验资料具体描述了完成实验的操作步骤，并且给出了操作中应该注意的重点问题。

　　本书附录提供了一套综合实验，以检验学生是否掌握了实验教程中所讲述的内容。

　　本书附配立体化教学资源，包括四部分主要内容：用友 U8 V10.1 教学版安装程序、实验账套、微课视频和教学课件。资源下载地址请参见文前"教学资源使用说明"。本书 PPT 教学课件还可通过 http://www.tupwk.com.cn/downpage 地址下载。

　　本书既可以用作用友 ERP 认证培训教材，也可以用作普通高等院校本科和专科会计所开设的会计信息系统的实验用书，还可以单独使用。使用对象是希望了解会计信息化的广大企业的业务人员、高等院校经济管理专业的学生和教师。

　　本书编写团队：天津财经大学房琳琳编写了第 1 章～3 章，王新玲编写了第 4 和第 5 章，吕志明编写了第 6 章，苏秀花编写了第 7 章，董霞编写了第 8 章，王晨编写了附录部分。此外，参加编写工作的还有王贺雯、张冰冰、王腾等。本书在编写过程中得到了新道科技股份有限公司的大力支持，在此表示衷心的感谢。

　　限于作者水平，书中难免存在缺点和不妥之处，我们诚挚地希望读者对本书的不足之处给予批评指正。

　　服务邮箱：wkservice@vip.163.com。

编　者

2019 年 1 月

再 版 说 明

自 2013 年 5 月《用友 ERP 财务管理实验教程(用友 ERP-U8 V10.1)》出版至今,已然走过六年,其间于 2017 年 6 月发行了本书的微课版,并更新了案例及数据。时不多久,何以再版?主要缘于以下原因。

1. 企业增值税税率重大调整

2019 年 3 月 21 日,财政部、国家税务总局、海关总署联合发布《关于深化增值税改革有关政策的公告》(即增值税改革细则)。公告称,4 月 1 日起,增值税一般纳税人(以下称纳税人)发生增值税应税销售行为或者进口货物,原适用 16%税率的,税率调整为 13%;原适用 10%税率的,税率调整为 9%。

2. 个人所得税

自 2019 年 1 月起,个人所得税起征点从 3500 元提高到 5000 元,应纳税所得额也发生了变化,涉及与工资计算相关的代扣个人所得税的计算和缴纳。

为反映最新会计政策的变更,本书业务案例已做出相应调整,以助广大学员与时俱进,学有所用。

作　者

教学资源使用说明

为便于教学和自学，本教程提供了以下资源：

- 用友 U8 V10.1 软件(教学版)；
- 实验账套备份；
- 微课操作视频；
- PPT 教学课件。

上述资源存放在百度网盘上，具体链接地址如下：

链接：https://pan.baidu.com/s/1I9NXmHG4vI56_NaGSTDdgw

提取码：iid5

为避免输入错误，读者可通过扫描下方二维码，把链接地址推送到自己的邮箱。

本书微课视频也通过二维码的形式呈现在了纸质教材上，读者可用移动终端扫码播放。

读者若因链接问题出现资源无法下载等情况，请致电 010-62784096，也可发邮件至服务邮箱 476371891@qq.com。

为便于教学，博弗教育科技(上海)有限公司为本书制作了智能实训教学云平台，可实现在线实训和教学管理信息化，有需求的老师可扫描下方二维码了解详细信息。

目　　录

第 1 章

系 统 管 理

功能概述

系统管理的主要功能是对用友U8 V10.1(以下简称U8)的各个产品进行统一的操作管理和数据维护，包括以下内容。

- 账套管理：账套是一组相互关联的数据，每一个独立核算的企业都有一套完整的账簿体系，在 U8 中称之为账套。在 U8 中可以为多个企业(或企业内独立核算的部门)分别立账，各账套相互独立、互不影响。账套管理包括账套的建立、修改、引入和输出等。
- 账套库管理：账套是由一个或多个账套库组成。一个账套对应一个经营实体或核算单位，账套中的某个账套库对应这个经营实体的某年度区间内的业务数据。账套库管理包括账套库的建立、引入、输出、账套库初始化和清空账套库数据。
- 用户及权限管理：为了保证系统及数据的安全，系统管理提供了用户及其功能权限的集中管理功能。通过设定用户的权限，一方面可以避免与业务无关的人员进入系统，另一方面可以按照企业内控要求对各个用户进行授权，以保证各负其责、流程顺畅。用户及权限管理包括设置角色、设置用户及为用户设置功能权限。
- 系统运行安全管理：系统管理员要对系统运行安全负责，在系统管理中，可以对整个系统的运行过程进行监控、清除系统运行过程中的异常任务和单据锁定、设置系统自动备份计划等。

实验目的与要求

系统地学习系统管理的主要功能和操作方法，理解系统管理在 U8 系统中的重要地位。要求掌握在系统管理中设置用户、建立企业账套和设置用户权限的方法，熟悉账套输出和引入的方法。

教学建议

建议本章讲授 2 课时,上机实验 2 课时。

实验一　企业建账

📢 实验准备

已安装用友 U8,将系统日期修改为"2020 年 1 月 1 日"。

🎬 实验要求

1. 以系统管理员 Admin 的身份,进行增加用户、建立账套、权限分配、输出及引入账套操作。
2. 以账套主管的身份,进行账套修改的操作。

📚 实验资料

1. 增加用户

用户信息如表 1-1 所示。

表 1-1　用户信息

编　号	姓　名	用户类型	认证方式	口　令	所属部门	所属角色
001	周健	普通用户	用户+口令(传统)	1	财务部	账套主管
002	王东	普通用户	用户+口令(传统)	2	财务部	
003	张平	普通用户	用户+口令(传统)	3	财务部	

2. 建立账套(不进行系统启用的设置)

(1) 账套信息

账套号:222;账套名称:华兴电子;采用默认账套路径;启用会计期 2020 年 1 月 1 日;会计期间:默认。

(2) 单位信息

单位名称:北京华兴电子有限责任公司

单位简称:华兴电子

单位地址:北京市海淀区花园路甲 1 号

法人代表：杨文

税号：91100011010266888A

(3) 核算类型

企业记账本位币：人民币(RMB)；企业类型：工业；行业性质：2007 年新会计制度科目；账套主管：001 周健；选中"按行业性质预置科目"复选框。

(4) 基础信息

企业无外币业务，由于业务需要，需要对存货、客户进行分类。

(5) 分类编码方案

科目编码级次：422

客户分类编码级次：12

部门编码级次：12

存货分类编码级次：122

收发类别编码级次：12

结算方式编码级次：12

其他默认。

(6) 数据精度

企业确定数据精度均为 2。

3. 权限分配

根据华兴电子内部控制要求，按照 U8 权限设置的具体要求，整理用户权限如表 1-2 所示。

表1-2　用户权限

用户编号及姓名	所属角色	赋予权限
001 周健	账套主管	自动拥有 U8 中所有账套的操作权限
002 王东		财务会计中的总账、应收款管理、应付款管理、固定资产权限
003 张平		总账中凭证下的出纳签字、查询凭证权限及总账中的出纳权限

4. 修改账套信息

考虑到不久的将来企业可能会拓展业务到海外市场，因此希望设置该账套有外币核算业务。由账套主管进行账套信息修改，增加"有外币核算"基础信息设置。

5. 账套输出

将账套输出至"D:\222 账套备份\1-1 系统管理"中。

6. 账套引入

试一试将输出的账套再次引入 U8 系统中。

实验指导

1. 以系统管理员的身份登录系统管理 (微课视频：WK0101)

操作步骤：

① 执行"开始"|"所有程序"|"用友U8 V10.1"|"系统服务"|"系统管理"命令，进入"用友U8[系统管理]"窗口。

② 执行"系统"|"注册"命令，打开"登录"系统管理对话框。

③ 系统中预先设定了一个系统管理员"admin"，系统管理员初始密码为空，选择账套"(default)"，如图 1-1 所示。

图 1-1　系统管理员登录系统管理界面

④ 单击"登录"按钮，以系统管理员的身份进入系统管理。系统管理界面最下行的状态栏中显示当前操作员[admin]，如图 1-2 所示。系统管理界面中显示为黑色的菜单项即为系统管理员在系统管理中可以执行的操作。

图 1-2　以系统管理员身份进入系统管理

提示：

　　系统管理员的初始密码为空。为保证系统运行的安全性，在企业实际应用中应及时为系统管理员设置密码。设置系统管理员密码为"super"的操作步骤是：在系统管理员"登录"系统管理对话框中选中"修改密码"复选框，单击"登录"按钮，打开"设置操作员密码"对话框；在"新密码"和"确认新密码"文本框中均输入"super"；最后单击"确定"按钮，返回系统管理。在教学过程中，由于多人共用一套系统，为了避免由于他人不知道系统管理员密码而无法以系统管理员身份进入系统管理的情况出现，建议不要给系统管理员设置密码。

2. 增加用户　（微课视频：**WK0102**）

只有系统管理员(admin)才能进行增加用户的操作。

操作步骤：

① 以系统管理员的身份登录系统管理，执行"权限"|"用户"命令，打开"用户管理"对话框。

② 单击"增加"按钮，打开"操作员详细情况"对话框，如图 1-3 所示。

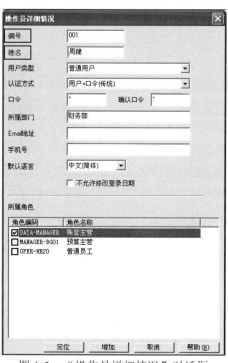

图 1-3　"操作员详细情况"对话框

- 编号：用户编号在 U8 系统中必须唯一，即使是不同的账套，用户编号也不能重复。本例输入"001"。

- 姓名：准确输入该用户的中文全称。用户登录 U8 进行业务操作时，此处的姓名将会显示在业务单据上，以明确经济责任。本例输入"周健"。
- 用户类型：有普通用户和管理员用户两种。普通用户指登录系统进行各种业务操作的人；管理员用户的性质与 admin 相同，他们只能登录系统管理进行操作，不能登录企业应用平台处理业务。本例选择"普通用户"。
- 认证方式：提供用户+口令(传统)、动态密码、CA 认证、域身份验证 4 种认证方式。用户+口令(传统)是 U8 默认的用户身份认证方式，即登录 U8 系统时需要提供正确的用户名和密码，验证正确后方能登录。本例采取系统默认。
- 口令：设置操作员口令时，为保密起见，输入的口令在屏幕上以"*"号显示。本例设置口令为"1"。
- 所属角色：系统预置了账套主管、预算主管、普通员工 3 种角色。可以执行"权限"|"角色"命令增加新的角色。本例选择所属角色为"账套主管"。
③ 单击"增加"按钮，依次设置其他操作员。设置完成后单击"取消"按钮退出。

提示：

- 在"操作员详细情况"对话框中，框线标注的项目为必输项，其余项目为可选项。这一规则适用于 U8 所有界面。
- 在增加用户时可以直接指定用户所属角色，如周健的角色为"账套主管"。由于系统中已经为预设的角色赋予了相应的权限，因此，如果在增加用户时就指定了相应的角色，则其就自动拥有了该角色的所有权限。
- 如果已设置了用户为"账套主管"角色，则该用户也是系统内所有账套的账套主管。
- 如果定义了用户所属角色，则不能删除该用户。必须先取消用户所属角色才能删除用户。只要所设置的用户在 U8 系统中进行过业务操作，便不能被删除。
- 如果用户使用过系统后从单位离职，应在用户管理窗口中单击"修改"按钮，在"修改用户信息"对话框中单击"注销当前用户"按钮，最后单击"修改"按钮返回系统管理。此后该用户无权再进入 U8 系统。

3. 建立账套　(微课视频：WK0103)

只有系统管理员可以建立企业账套。建账过程在建账向导的引导下完成。

操作步骤：

① 新建空白账套。

以系统管理员身份注册进入系统管理，执行"账套"|"建立"命令，打开"创建账套—建账方式"对话框。选择"新建空白账套"，单击"下一步"按钮，打开"创建账套

—账套信息"对话框。

② 账套信息。

- 已存账套：系统将已存在的账套以下拉列表框的形式显示，用户只能查看，不能输入或修改，目的是避免重复建账。
- 账套号：账套号是该企业账套的唯一标识，必须输入，且不得与机内已经存在的账套号重复。可以输入 001～999 之间的 3 个字符。本例输入账套号"222"。
- 账套名称：账套名称可以输入核算单位的简称，必须输入，进入系统后它将显示在正在运行的软件界面上。本例输入"华兴电子"。
- 账套语言：系统默认选中"简体中文"选项。从系统提供的选项中可以看出，U8 还支持"繁体中文"和"英文"作为账套语言，但"简体中文"为必选。
- 账套路径：用来确定新建账套将要被放置的位置，系统默认的路径为"C:\U8SOFT\Admin"，用户可以人工更改，也可以单击"⋯"按钮进行参照选择输入。
- 启用会计期：指开始使用 U8 系统进行业务处理的初始日期，必须输入。系统默认为计算机的系统日期，更改为"2020 年 1 月"。系统自动将自然月份作为会计核算期间。
- 是否集团账套：不选择。
- 建立专家财务评估数据库：不选择。

输入完成后，如图 1-4 所示。单击"下一步"按钮，打开"创建账套—单位信息"对话框。

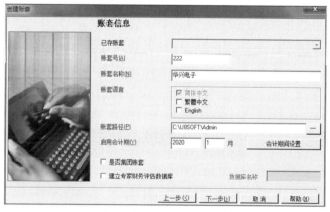

图 1-4 创建账套—账套信息

③ 单位信息。

- 单位名称：必须输入企业的全称。企业全称在正式发票中使用，其余情况全部使用企业简称。本例输入"北京华兴电子有限责任公司"。
- 单位简称：用户单位的简称，最好输入。本例输入"华兴电子"。

其他栏目都属于任选项，参照所给资料输入即可。

输入完成后，如图 1-5 所示。单击"下一步"按钮，打开"创建账套—核算类型"对话框。

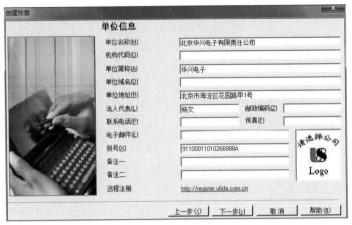

图 1-5　创建账套—单位信息

④ 核算类型。

● 本币代码：必须输入。本例采用系统默认值"RMB"。

● 本币名称：必须输入。本例采用系统默认值"人民币"。

● 企业类型：系统提供了工业、商业、医药流通 3 种类型。如果选择"工业"，则系统不能处理受托代销业务；如果选择"商业"，则系统不能处理产成品入库、材料领用出库业务。本例采用系统默认值"工业"。

● 行业性质：用户必须从下拉列表框中选择输入，系统将按照所选择的行业性质预置科目。本例采用系统默认值"2007 年新会计制度科目"。

● 账套主管：从下拉列表框中选择输入"[001] 周健"。

● 按行业性质预置科目：如果希望系统预置所属行业的标准一级科目，则选中该复选框。本例选择"按行业性质预置科目"。

输入完成后，如图 1-6 所示。单击"下一步"按钮，打开"创建账套—基础信息"对话框。

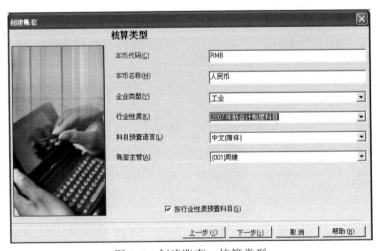

图 1-6　创建账套—核算类型

提示:

- 行业性质将决定系统预置科目的内容,必须选择正确。
- 如果事先增加了用户,则可以在建账时选择该用户为该账套的账套主管。如果建账前未设置用户,则在建账过程中可以先选一个操作员作为该账套的主管,待账套建立完成后再到"权限"功能中进行账套主管的设置。
- 如果选择了"按行业性质预置科目",则系统根据所选择的行业类型自动装入国家规定的一级科目及部分二级科目。

⑤ 基础信息。

如果单位的存货、客户、供应商相对较多,可以对它们进行分类核算。如果此时不能确定是否进行分类核算,也可以建账完成后由账套主管在"修改账套"功能中重新设置。

按照本例要求,选中"存货是否分类"和"客户是否分类"两个复选框,如图 1-7 所示。单击"下一步"按钮,打开"创建账套—准备建账"对话框。

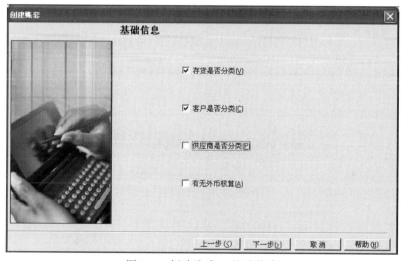

图 1-7 创建账套—基础信息

提示:

- 是否对存货、客户及供应商进行分类将会影响其档案的设置。有无外币核算将会影响基础信息的设置及日常能否处理外币业务。
- 如果基础信息设置错误,可以由账套主管在修改账套功能中进行修改。

⑥ 准备建账。

单击"完成"按钮,弹出系统提示"可以创建账套了么?",如图 1-8 所示。单击"是"按钮,系统依次进行初始化环境、创建新账套库、更新账套库、配置账套信息等工作,所以需要一段时间才能完成,要耐心等待。完成以上工作后,打开"编码方案"对话框。

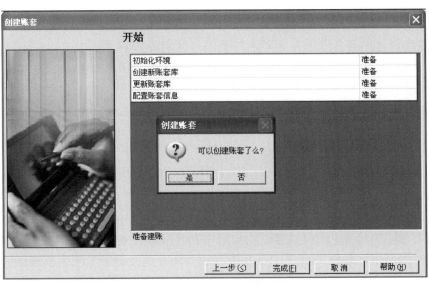

图 1-8　创建账套—准备建账

⑦ 分类编码方案。

为了便于对经济业务数据进行分级核算、统计和管理，系统要求预先设置某些基础档案的编码规则，即规定各种编码的级次及各级的长度。

按资料所给内容修改系统默认值，如图 1-9 所示，单击"确定"按钮，再单击"取消"按钮，打开"数据精度"对话框。

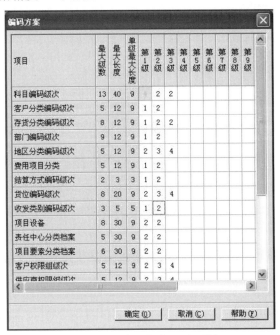

项目	最大级数	最大长度	单级最大长度	第1级	第2级	第3级	第4级	第5级	第6级	第7级	第8级	第9级
科目编码级次	13	40	9	1	2	2						
客户分类编码级次	5	12	9	1	2							
存货分类编码级次	8	12	9	1	2	2						
部门编码级次	9	12	9	1	2							
地区分类编码级次	5	12	9	2	3	4						
费用项目分类	5	12	9	1	2							
结算方式编码级次	2	3	3	1	2							
货位编码级次	8	20	9	2	3	4						
收发类别编码级次	3	5	5	1	2							
项目设备	8	30	9	2	2							
责任中心分类档案	5	30	9	2	2							
项目要素分类档案	6	30	9	2	2							
客户权限组级次	5	12	9	2	3	4						
供应商权限组级次	5	12	9	2	3	4						

图 1-9　"编码方案"对话框

- 编码方案的设置，将会直接影响基础信息设置中相应内容的编码级次及每级编码的位长。
- 科目编码级次中第 1 级科目编码长度根据建账时所选行业性质自动确定，此处显示为灰色，不能修改，只能设定第 1 级之后的科目编码长度。
- 删除编码级次时，必须从最后一级向前依次删除。

⑧ 数据精度定义。

数据精度涉及核算精度问题。涉及购销存业务环节时，会输入一些原始单据，如发票、出入库单等，需要填写数量及单价，数据精度定义是确定有关数量及单价的小数位数的。本例采用系统默认。单击"确定"按钮，系统显示"正在更新单据模板，请稍等"信息提示。

⑨ 完成建账。

完成单据模板更新后，系统弹出建账成功信息提示，如图 1-10 所示。单击"否"按钮，系统弹山"请进入企业应用平台进行业务操作！"信息提示框，单击"确定"按钮，并单击"退出"按钮，返回系统管理。

图 1-10　建账成功信息提示

- 如果选择"是"按钮，则可以直接进行"系统启用"的设置；也可以单击"否"按钮先结束建账过程，之后再在企业应用平台的"基本信息"中进行系统启用设置。
- 建账完成后，编码方案、数据精度、系统启用项目可以由账套主管在"企业应用平台"｜"基础设置"｜"基本信息"选项中进行修改。

4. 设置用户权限

设置用户权限的工作应由系统管理员(admin)或该账套的主管在系统管理的权限功能中完成。在权限功能中既可以对角色赋权，也可以对用户赋权。如果在设置账套时已经选择了该账套的主管，则此时可以查看；否则，可以在权限功能中设置账套主管。如果在设置用户时已经指定了该用户的所属角色，并且该角色已经被赋权，则该用户已经拥有了与所选角色相同的权限；如果在设置用户时并未指定该用户所属的角色，或虽已指定该用户所属的角色，但该角色并未进行权限设置，则该用户的权限应直接在权限功能中进行设置，或者应先设置角色的权限再设置用户并指定该用户所属的角色，则角色的权限就自动传递给用户了。

(1) 查看周健是否为 222 账套的账套主管　**(微课视频：WK010401)**

操作步骤：

① 在系统管理中，执行"权限"|"权限"命令，打开"操作员权限"对话框。

② 在"账套主管"右边的下拉列表框中选中"[222]华兴电子"账套。

③ 在左侧的操作员列表中，选中"001 周健"，查看"账套主管"复选框是否为选中状态。

 提示：

- 只有系统管理员(admin)才有权设置或取消账套主管。而账套主管只有权对所辖账套的操作员进行权限设置。
- 设置权限时应注意分别选中"账套"及相应的"用户"。
- 如果此时查看到"222 账套主管"前的复选框为未选中状态，则可以单击该复选框将其选中，设置该用户为 222 账套的账套主管。
- 账套主管拥有该账套的所有权限，因此无须为账套主管另外赋权。
- 一个账套可以有多个账套主管。

---

(2) 为王东赋权　**(微课视频：WK010402)**

操作步骤：

① 在"操作员权限"窗口中，选中"002 王东"。单击"修改"按钮　。

② 在右侧窗口中，选中"财务会计"中"总账""应收款管理""应付款管理"和"固定资产"前的复选框。

③ 单击"保存"按钮返回。

(3) 为张平赋权　**(微课视频：WK010403)**

操作步骤：

① 在"操作员权限"窗口中，选中"003 张平"，从右侧窗口中可以看出，张平此时没有任何权限。

② 单击"修改"按钮　。

③ 单击"总账"前的"+"标记，依次展开"总账""凭证"前的"+"号标记。

④ 单击选中"出纳签字""查询凭证"前的复选框，再单击选中"出纳"前的复选框。

⑤ 单击"保存"按钮，如图 1-11 所示。

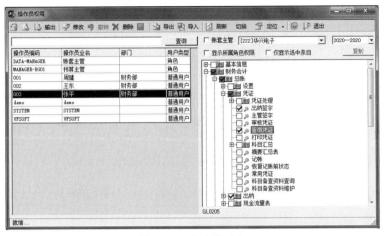

图 1-11 为出纳赋权

5. 修改账套 (微课视频：**WK0105**)

修改账套的工作应由账套主管在系统管理的"账套"|"修改"功能中完成。

操作步骤：

① 执行"系统"|"注册"命令，打开"登录"系统管理对话框。

✍ **提示：** ---

如果此时 admin 注册了系统管理，则应先通过执行"系统"|"注销"命令注销当前操作员后，再由账套主管重新注册。

----

② 录入操作员"001"(或周健)，密码"1"，单击"账套"栏的下三角按钮，选择"[222] (default)华兴电子"，如图 1-12 所示。单击"登录"按钮，以账套主管身份登录系统管理。

图 1-12 以账套主管身份登录系统管理

③ 执行"账套"|"修改"命令，打开"修改账套"对话框。通过单击"下一步"按钮，找到"基础信息"对话框。单击选中"有无外币核算"前的复选框。单击"完成"按钮，系统弹出提示"确认修改账套了么？"。

④ 单击"是"按钮，并在"编码方案"和"数据精度"窗口中分别单击"取消"和"确定"按钮后确定修改成功。

6. 账套输出 (微课视频：WK0106)

账套备份的工作应由系统管理员在系统管理的"账套"|"输出"功能中完成。

操作步骤：

① 在D:盘中新建"222 账套备份"文件夹，再在"222 账套备份"文件夹中新建"1-1 系统管理"文件夹。

② 由系统管理员注册系统管理，执行"账套"|"输出"命令，打开"账套输出"对话框。

③ 单击"账套号"栏的下三角按钮，选择"[222]华兴电子"，在"输出文件位置"列表框中选择"D:\222 账套备份\1-1 系统管理\"，如图 1-13 所示。

④ 单击"确认"按钮，系统进行账套数据输出，完成后，弹出"输出成功"信息提示框，单击"确定"按钮返回。

图 1-13　账套输出

提示：

- 只有系统管理员(admin)有权进行账套输出和引入。账套输出后在指定的文件夹内输出两个文件，一个是账套数据文件 UFDATA.BAK，一个是账套信息文件 UfErpAct.Lst。
- 利用账套输出功能还可以进行"删除账套"的操作。方法是在"账套输出"对话框中选中"删除当前输出账套"复选框，单击"确认"按钮，系统在删除账套前同样要进行账套输出，当输出完成后系统提示"真要删除该账套吗？"，单击"是"按钮则可以删除该账套。
- 正在使用的账套可以进行账套输出而不允许进行账套删除。
- 备份账套时应先建立一个备份账套的文件夹，以便将备份数据存放在目标文件夹中。

7. 账套引入　(微课视频：WK0107)

账套引入的工作应由系统管理员在系统管理的"账套"|"引入"功能中完成。

操作步骤：

① 由系统管理员注册系统管理，执行"账套"|"引入"命令，打开"请选择账套备份文件"对话框。

② 选择"D:\222 账套备份\1-1 系统管理\UfErpAct.Lst"文件。

③ 单击"确定"按钮，系统弹出"请选择账套引入的目录…"信息提示框。

④ 单击"确定"按钮，打开"请选择账套引入的目录"对话框，弹出系统提示"此操作将覆盖[222]账套当前的信息，继续吗？"。

⑤ 单击"是"按钮，系统自动进行引入账套的工作。

⑥ 完成后，弹出系统提示"账套[222]引入成功！……"，单击"确定"按钮返回。

探究与挑战

1. U8 系统提供了手工备份和自动备份两种备份方式，请探究如何实现 U8 系统自动备份。

2. 每个登录 U8 系统的用户操作能够被 U8 系统捕捉并记录，存在了哪里？记载了哪些内容？从哪里能查看？

第2章

企业应用平台

功能概述

　　顾名思义，企业应用平台是用友 U8 的集成应用平台，可以实现系统基础数据的集中维护、各种信息的及时沟通、数据资源的有效利用。企业应用平台为企业员工、合作伙伴提供了访问系统的唯一通道；通过企业应用平台，用户可以设计个性化工作流程，提高工作效率，还可以实现与日常办公的协同。

　　企业应用平台中包含的内容极为丰富，与系统应用相关的主要项目包括以下几项。

- 基础设置：主要包括基本信息、基础档案和单据设置等。在基本信息中，可以设置系统启用、修改建账时设置的分类编码方案和数据精度。在基础档案中可以设置用友 U8 管理软件中各个子系统公用的基础档案信息，如机构人员、客商信息、财务信息等。在数据权限中可以针对系统数据的操作权限进行进一步细分。单据设置提供了个性化单据显示及打印格式的定义。

- 业务工作：将用友 U8 管理软件分为财务会计、供应链、集团应用等功能群，每个功能群中又包括若干子系统，如财务会计中包含总账、UFO 报表、固定资产等。业务工作也是用户访问用友 U8 各子系统的唯一通道。

- 系统服务：系统服务主要是为系统安全正常运行而设，主要包括系统管理、服务器配置、工具和权限。系统管理提供了从企业应用平台启动系统管理模块的通道；服务器配置用于配置 U8 应用服务器的位置；工具为 U8 与外部系统接口、U8 数据传输提供了便捷处理方式；在权限中可以对数据权限进行控制设置、进行数据权限和金额权限的分配、功能权限转授和工作任务委托。

实验目的与要求

　　理解企业应用平台在用友 U8 中的作用。掌握在企业应用平台中设置系统启用、建立各项基础档案、进行数据权限设置及单据设置的方法；理解各项基础档案在系统中所起的作用及各项目的含义。

教学建议

建议本章讲授 2 课时，上机实验 2 课时。

实验一　基础设置

🔊 实验准备

引入"1-1 系统管理"账套数据，将系统日期更改为"2020-01-01"。

📋 实验要求

以账套主管"001 周健"的身份进行系统启用、基础档案设置和数据权限设置。

📚 实验资料

1. 启用总账系统

由账套主管"001 周健"启用总账子系统，启用日期为"2020-01-01"。

2. 基础档案

(1) 部门档案(如表 2-1 所示)

表 2-1　部门档案

部 门 编 码	部 门 名 称	部门负责人
1	企管部	
2	财务部	周健
3	采购部	
4	销售部	
401	销售一部	
402	销售二部	
5	生产部	

(2) 人员类别
企业在职人员类别如表 2-2 所示。

表 2-2　企业在职人员类别

人员类别编码	人员类别名称
1011	企业管理人员
1012	销售人员
1013	车间管理人员
1014	生产工人

(3) 人员档案(如表 2-3 所示)

表 2-3　人员档案

人员编码	人员姓名	性别	人员类别	行政部门	雇佣状态	是否操作员	是否业务员
101	杨文	男	企业管理人员	企管部	在职	是	是
201	周健	男	企业管理人员	财务部	在职		是
202	王东	男	企业管理人员	财务部	在职		是
203	张平	女	企业管理人员	财务部	在职		是
301	李明	男	企业管理人员	采购部	在职		是
401	刘红	女	销售人员	销售一部	在职		是
402	韩乐乐	男	销售人员	销售二部	在职		是
501	刘伟	男	车间管理人员	生产部	在职		
502	齐天宇	男	生产工人	生产部	在职		

(4) 客户分类(如表 2-4 所示)

表 2-4　客户分类

分 类 编 码	分 类 名 称
1	北京地区
2	上海地区
3	华北地区
4	西北地区

(5) 客户档案(如表 2-5 所示)

表 2-5　客户档案

客户编码	客户名称	客户简称	所属分类	税　号	分管部门	专管业务员	开户银行	银行账号
01	北京天益有限责任公司	天益	1	911103201043200112	销售一部	刘红	工行亦庄支行	1010101010101010101
02	北京大地科技有限公司	大地	1	911104332495438999	销售一部	刘红		

(续表)

客户编码	客户名称	客户简称	所属分类	税 号	分管部门	专管业务员	开户银行	银行账号
03	上海邦立有限责任公司	邦立	2	912100032324322477	销售一部	刘红		
04	上海明兴股份有限公司	明兴	2	912108549870433400	销售一部	刘红		
05	石家庄伟达有限责任公司	伟达	3	913208545843892888	销售二部	韩乐乐		
06	陕西光华有限责任公司	光华	4	915594388882884255	销售二部	韩乐乐		

(6) 供应商档案(如表 2-6 所示)

表 2-6 供应商档案

供应商编码	供应商名称	供应商简称	所属分类	税 号	税率	分管部门	分管业务员
01	北京无忧有限责任公司	无忧	00	91110435845278434A	13%	采购部	李明
02	辽宁大为有限责任公司	大为	00	914304558823957388	13%	采购部	李明
03	天津杰信科技有限公司	杰信	00	911208856943876222	13%	采购部	李明

(7) 计量单位组及计量单位(如表 2-7 所示)

表 2-7 计量单位组及计量单位

计量单位组编号	计量单位组名称	计量单位组类别	计量单位编号	计量单位名称
01	基本计量单位	无换算率	01	个
			02	部
			03	千米

(8) 存货分类(如表 2-8 所示)

表 2-8 存货分类

存货类别编码	存货类别名称
1	原材料
2	产成品
3	应税劳务

(9) 存货档案(如表 2-9 所示)

表 2-9　存货档案

存货编码	存货名称	规格	计量单位	所属分类	进项及销项税率	存 货 属 性
1001	芯片		个	1	13%	外购、生产耗用
1002	显示屏 9	9.7 英寸	个	1	13%	外购、生产耗用
1003	显示屏 7	7.9 英寸	个	1	13%	外购、生产耗用
1004	机壳		个	1	13%	外购、生产耗用
1005	摄像头		个	1	13%	外购、生产耗用
2001	华星	9.7 英寸	部	2	13%	内销、自制
2002	华晨	7.9 英寸	部	2	13%	内销、自制
2003	华卫		部	2	13%	内销、外购、自制
3001	运费		千米	3	9%	内销、外购、应税劳务

(10) 结算方式(如表 2-10 所示)

表 2-10　结算方式

结算方式编码	结算方式名称	是否票据管理	对应票据类型
1	现金结算		
2	支票结算		
201	现金支票	是	现金支票
202	转账支票	是	转账支票
3	电汇		
4	商业汇票		
401	银行承兑汇票		
402	商业承兑汇票		

3. 数据权限设置

设置操作员王东有权对张平及周健所填制凭证进行查询、删改、审核、弃审,以及撤销。

4. 账套输出

全部完成后,将账套输出至"2-1 基础设置"文件夹中。

💻 实验指导

1. 启用总账系统 (微课视频：WK0201)

系统启用有两种方法：一是由系统管理员在系统管理中创建企业账套完成时进行系统启用设置；二是如果在建立账套时未设置系统启用，则由账套主管在企业应用平台的基本信息中进行系统启用的设置。222账套在建账时未启用任何系统，因此现在需要由账套主管在企业应用平台中启用总账。

操作步骤：

① 执行"开始"|"所有程序"|"用友 U8 V10.1"|"企业应用平台"命令，打开"登录"对话框。

② 录入操作员"001"(或周健)，密码为"1"，单击"账套"栏的下三角按钮，选择"[222](default)华兴电子"，如图 2-1 所示。单击"登录"按钮，进入"企业应用平台"窗口。

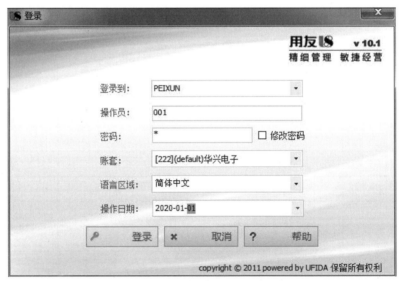

图 2-1 以账套主管身份登录企业应用平台

③ 在"基础设置"选项卡中，执行"基本信息"|"系统启用"命令，打开"系统启用"对话框。

④ 选中"GL 总账"前的复选框，弹出"日历"对话框。选择"日历"对话框中的"2020 年 1 月 1 日"，如图 2-2 所示。

⑤ 单击"确定"按钮，系统弹出"确实要启用当前系统吗？"信息提示框，单击"是"按钮，完成总账系统的启用。

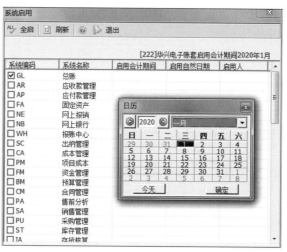

图 2-2　启用总账系统

提示:

- 只有账套主管才有权在企业应用平台中进行系统启用。
- 各系统的启用时间必须大于或等于账套的启用时间。

2. 基础档案设置

(1) 设置部门档案　**(微课视频: WK020201)**

在会计核算中,通常会将数据按部门逐级进行分类和汇总,下一级将自动向有隶属关系的上一级进行汇总。部门档案就是设置会计科目中要进行部门核算时的部门名称,以及要进行个人往来核算的职员所属的部门。

操作步骤:

① 在"基础设置"选项卡中,执行"基础档案"|"机构人员"|"部门档案"命令,进入"部门档案"窗口。

② 单击"增加"按钮 🖸,录入部门编码"1"、部门名称"企管部"。

③ 单击"保存"按钮。以此方法依次录入其他的部门档案,完成后,如图 2-3 所示。

提示:

- 部门档案窗口下方显示 "* **" 表示在编码方案中设定部门编码为 2 级,第 1 级 1 位,第 2 级 2 位。输入部门编码时需要遵守该规定。
- 由于此时还未设置"人员档案",因此部门中的"负责人"暂时不能设置。如果需要设置,必须在完成"人员档案"设置后,再回到"部门档案"中以修改的方式补充设置。

图 2-3 录入部门档案

(2) 设置人员类别 **(微课视频：WK020202)**

人员类别与工资费用的分配、分摊有关，工资费用的分配及分摊是薪资管理系统的一项重要功能。人员类别设置的目的是为工资分摊凭证设置相应的入账科目，可以按不同的入账科目需要设置不同的人员类别。

操作步骤：

① 在"基础设置"选项卡中，执行"基础档案"|"机构人员"|"人员类别"命令，进入"人员类别"窗口。

② 单击"增加"按钮，按实验资料在正式工下增加人员类别，如图 2-4 所示。

图 2-4 增加人员类别

提示：

- 人员类别是人员档案中的必选项目，需要在人员档案建立之前设置。
- 人员类别名称可以修改，但已使用的人员类别名称不能删除。

(3) 设置人员档案 (微课视频：WK020203)

人员档案主要用于记录本企业职工的个人信息。设置人员档案的作用：一是为总账中个人往来核算和管理提供基础档案；二是为薪资管理系统提供人员基础信息。企业全部的人员均需在此建立档案。

操作步骤：

① 在"基础设置"选项卡中，执行"基础档案"|"机构人员"|"人员档案"命令，进入"人员列表"窗口。

② 单击左侧窗口中"部门分类"下的"企管部"，单击"增加"按钮，按实验资料输入人员信息，如图 2-5 所示。单击"保存"按钮。

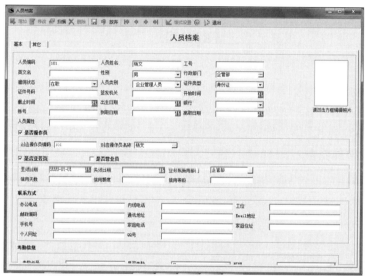

图 2-5　人员档案

③ 同理，依次输入其他人员档案。

提示：

- 人员编码必须唯一，行政部门只能是末级部门。

- 如果该员工需要在其他档案或单据的"业务员"项目中被参照，需要选中"是否业务员"选项。

- 是否操作员是设定该人员是否可操作 U8 产品。有两种可能：一种是在系统管理中已经将该人员设置为用户，此处无须再选中该选项；另一种是该人员没有在系统管理中设置为用户，那么此处可以选中"是否操作员"复选框，则系统将该人员追加在用户列表中，人员编码自动作为用户编码和用户密码，所属角色为普通员工。

- 人员档案建立完成后，再次打开部门档案补充部门负责人信息。

(4) 设置客户分类　(微课视频: **WK020204**)

操作步骤:

① 在"基础设置"选项卡中,执行"基础档案"|"客商信息"|"客户分类"命令,进入"客户分类"窗口。

② 单击"增加"按钮,按实验资料输入客户分类信息,并单击"保存"按钮。

③ 同理,依次录入其他的客户分类。

提示:

客户是否需要分类应在建立账套时确定。

(5) 设置客户档案　(微课视频: **WK020205**)

操作步骤:

① 在"基础设置"选项卡中,执行"基础档案"|"客商信息"|"客户档案"命令,打开"客户档案"窗口。窗口分为左右两部分,左窗口显示已经设置的客户分类,单击选中某一客户分类,右窗口中显示该分类下所有的客户列表。

② 单击"增加"按钮,打开"增加客户档案"窗口。窗口中共包括4个选项卡,即"基本""联系""信用"和"其他",用于对客户不同的属性分别归类记录。

③ 在"基本"选项卡中,按实验资料输入"客户编码""客户名称""客户简称""所属分类""税号"等信息,如图 2-6 所示。

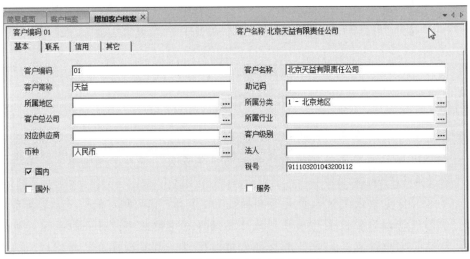

图 2-6　客户档案"基本"选项卡

④ 在"联系"选项卡中,输入"分管部门"和"专管业务员"信息。

⑤ 单击"银行"按钮,打开"客户银行档案"窗口。录入客户开户银行信息,如图 2-7 所示。

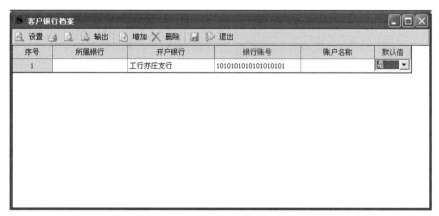

图2-7 客户银行档案

⑥ 单击"保存"按钮。以此方法依次录入其他的客户档案。

提示：

- 如果此处不输入税号，之后无法向该客户开具增值税专用发票。
- 之所以设置"分管部门"和"专管业务员"，是为了在应收应付款管理系统中填制发票等原始单据时能自动根据客户显示部门及业务员信息。
- 因为由U8系统传入金税系统的发票不允许修改客户的银行信息，所以企业在使用金税系统时，需要在U8客户档案中正确录入客户银行信息。

(6) 设置供应商档案 **(微课视频：WK020206)**

由于企业只有少数几个供应商，因此建立企业账套时并未对供应商进行分类，所以供应商档案所属分类为无分类。

操作步骤略。

提示：

- 在录入供应商档案时，供应商编码及供应商简称必须录入。
- 供应商是否分类应在建立账套时确定，此时不能修改。如若修改只能在未建立供应商档案的情况下，在系统管理中以修改账套的方式进行修改。

(7) 设置计量单位组及计量单位 **(微课视频：WK020207)**

在企业实际的经营活动中，不同部门对某种存货会采用不同的计量方式，例如大家熟悉的可口可乐，销售部对外发货时用箱计量，听装的每箱有24听，2L瓶装的每箱有12瓶。

U8中的计量单位组类别包括3种：无换算率、固定换算率和浮动换算率。

- 无换算率计量单位组中的计量单位都以单独形式存在，即相互之间没有换算关系，全部为主计量单位。

- 固定换算率计量单位组中可以包括多个计量单位，即一个主计量单位和多个辅计量单位。主辅计量单位之间存在固定的换算率，如 1 箱=24 听。
- 浮动换算率计量单位组中只能包括两个计量单位，即一个主计量单位和一个辅计量单位。

主计量单位作为财务上的计量单位，换算率自动设置为 1。每个辅计量单位都能和主计量单位进行换算：数量(按主计量单位计量)＝件数(按辅计量单位计量)*换算率。

操作步骤：

① 在企业应用平台的"基础设置"选项卡中，执行"基础档案"|"存货"|"计量单位"命令，打开"计量单位"对话框。

② 单击"分组"按钮，打开"计量单位组"对话框。

③ 单击"增加"按钮，录入计量单位组编码"01"，录入计量单位组名称"基本计量单位"，单击"计量单位组类别"栏的下三角按钮，选择"无换算率"，如图 2-8 所示。

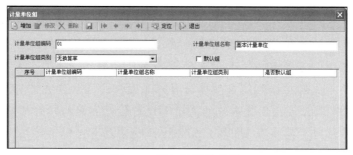

图 2-8　增加计量单位组

④ 单击"保存"按钮，再单击"退出"按钮退出。

⑤ 单击"单位"按钮，打开"计量单位"对话框。

⑥ 单击"增加"按钮，录入计量单位相关信息，如图 2-9 所示。

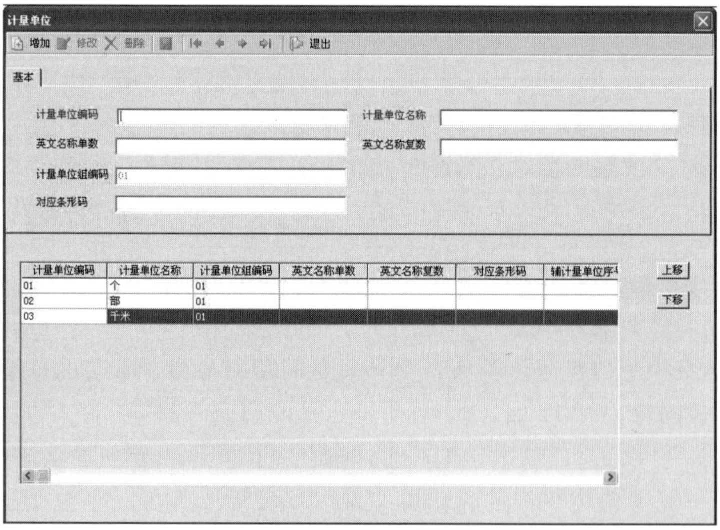

图 2-9　增加计量单位

(8) 存货分类 **(微课视频：WK020208)**

在企业日常购销业务中，经常会发生一些劳务费用，如运输费、装卸费等，这些费用也是构成企业存货成本的一个组成部分，并且它们可以拥有不同于一般存货的税率。为了正确反映和核算这些劳务费用，一般我们在存货分类中单独设置一类，如"应税劳务"或"劳务费用"。

操作步骤略。

(9) 存货档案 **(微课视频：WK020209)**

操作步骤：

① 在企业应用平台的"基础设置"中，执行"基础档案"|"存货"|"存货档案"命令，进入"存货档案"窗口。

② 单击"增加"按钮，打开"增加存货档案"对话框。在"基本"选项卡中按实验资料输入各项信息，如图 2-10 所示。单击"保存"按钮。

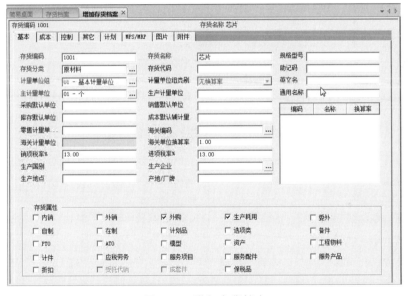

图 2-10   增加存货档案

✎ **提示：** --

- U8 中存货属性是对存货的一种分类。标记了"外购"属性的存货将在入库、采购发票等单据中被参照，标记了"销售"属性的存货将在发货、出库、销售发票等单据中被参照，这样可大大缩小查找范围。

- 目前，交通运输业已全部完成营业税改增值税的改革。改革后交通运输业一般纳税人增值税税率为 9%，小规模纳税人增值税税率为 3%。为了区别发票来源不同所造成的税率差异，可在存货档案中分别设置 9%运费和 3%运费，这里只以设置一种税率为例。

(10) 结算方式　**(微课视频: WK020210)**

结算方式用来建立和管理用户在经营活动中对外进行收付结算时所使用的结算方式。它与财务结算方式一致。银企对账时,结算方式也是系统自动对账的一个重要参数。

操作步骤:

① 在企业应用平台"基础设置"中,执行"基础档案"|"收付结算"|"结算方式"命令,进入"结算方式"窗口。

② 按要求输入企业常用结算方式,如图 2-11 所示。

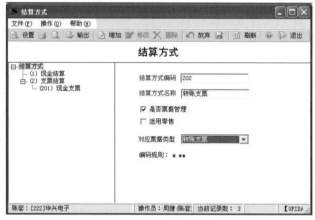

图 2-11　结算方式定义

提示:

设置了"是否票据管理"标记的结算方式在填制凭证环节中出现时,系统会对未进行支票登记的票据提示进行登记。

3. 数据权限设置

用友 U8 中,提供了 3 种不同性质的权限管理:功能权限、数据权限和金额权限,下面简单介绍数据权限的设置。

(1) 数据权限控制设置　**(微课视频: WK020301)**

U8 系统中提供了对部门、科目、客户档案等 20 余项目进行数据权限设置。企业可以根据实际业务需求,选择需要进行数据权限控制的业务对象。因此进行数据权限设置的前提是进行数据权限控制设置。

在进行数据权限设置之前,需要首先在系统管理中设置用户"王东"的功能权限。前期在系统管理中已授予"王东"总账子系统的全部功能权限,现在需要对"用户"进行数据权限控制设置。

操作步骤：

① 在"系统服务"选项卡中，执行"权限"|"数据权限控制设置"命令，打开"数据权限控制设置"窗口。

② 在"记录级"选项卡中，选中"用户"复选框，如图 2-12 所示。

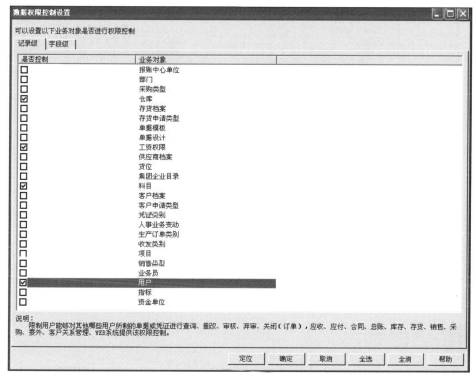

图 2-12　数据权限控制设置"记录级"选项卡

③ 单击"确定"按钮，返回。

(2) 数据权限授权　**(微课视频：WK020302)**

操作步骤：

① 在"系统服务"选项卡中，执行"权限"|"数据权限分配"命令，进入"权限浏览"窗口。

② 在左侧的"用户及角色"列表中选择"002 王东"，再单击"授权"按钮，打开"记录权限设置"对话框。

③ 单击"业务对象"栏的下三角按钮，选择"用户"。

④ 单击">"按钮，将"003 张平"从"禁用"列表中选择到"可用"列表中，以此方法选择"001 周健"，如图 2-13 所示。

⑤ 单击"保存"按钮，系统弹出"保存成功"的信息提示。单击"确定"按钮。

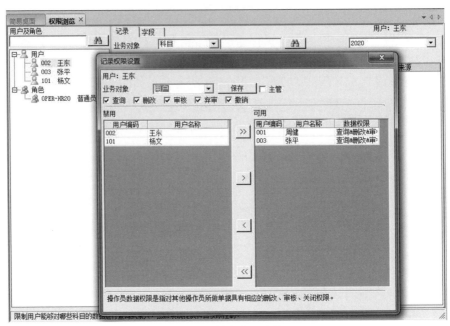

图 2-13　数据权限授权

4. 账套输出(略)

全部完成后，将账套输出至"2-1 基础设置"文件夹中。

探究与挑战

1. 是否能够设置销售一部刘红登录 U8 后只能看到销售一部管理的客户而非企业全部的客户？

2. 如果账套主管周健希望修改自己的登录密码，是由系统管理员来修改吗？

第3章

总 账 系 统

功能概述

总账系统的任务就是利用建立的会计科目体系，输入和处理各种记账凭证，完成记账、结账及对账的工作，输出总分类账、日记账、明细账和有关辅助账。总账系统主要提供凭证处理、账簿查询、出纳管理和期末转账等基本核算功能，并提供个人、部门、客户、供应商、项目核算等辅助管理功能。在业务处理过程中，可以随时查询包含未记账凭证的所有账表，充分满足管理者对信息及时性的要求。

总账系统具体包括以下内容。

- 系统初始化：是为总账系统日常业务处理工作所做的准备，主要包括系统选项设置和期初余额录入两项内容。

- 日常业务处理：主要包括填制凭证、审核凭证、出纳签字、记账，以及查询打印记账凭证等。

- 出纳管理：提供支票登记簿功能，用来登记支票的领用情况，并可查询银行日记账、现金日记账及资金日报表，定期将企业银行日记账与银行对账单进行核对，并编制银行存款余额调节表。

- 账簿管理：提供按多种条件查询总账、日记账及明细账等，具有总账、明细账和凭证联查功能。另外，还提供了辅助账查询功能。

- 期末处理：完成月末自动转账处理，进行试算平衡、对账、结账及生成月末工作报告。

实验目的与要求

系统地学习总账系统初始化、日常业务处理和期末处理的主要内容和操作方法。要求掌握总账系统初始化中设置选项、录入期初余额的方法；掌握总账系统日常业务处理中凭证管理和账簿查询的方法；熟悉出纳管理的内容和处理方法；熟悉期末业务处理的内容和方法。

教学建议

总账系统是 U8 财务管理中的基础内容，是在实际工作中运用最为广泛的系统，其功能较为全面，学习时要根据不同模块的组合，结合会计工作的实际，灵活地运用总账系统的功能为不同单位的实际工作服务。

建议本章讲授 8 课时，上机练习 12 课时。

实验一　总账系统初始化

实验准备

引入"2-1 基础设置"账套数据，将系统日期修改为"2020 年 1 月 1 日"。

实验要求

以账套主管的身份注册进入企业应用平台。设置总账选项、建立财务基础档案、输入科目余额并试算平衡。

实验资料

1. 总账选项

设置如表 3-1 所示的总账选项，其他选项保持系统默认。

表 3-1　总账选项

选 项 卡	选 项 设 置
凭证	支票控制 可以使用应收受控科目、应付受控科目 取消"现金流量科目必录现金流量项目"
权限	凭证审核控制到操作员 出纳凭证必须经由出纳签字 不允许修改、作废他人填制的凭证
会计日历	数量小数位和单价小数位设为 2 位
其他	部门、个人、项目按编码方式排序

2. 财务基础档案

(1) 外币设置

本企业采用固定汇率核算外币，外币只涉及美元一种，美元币符假定为$，2020年1月初汇率为6.55。

(2) 会计科目

本企业常用会计科目如表 3-2 所示。

表 3-2 本企业常用会计科目

科目编码	科目名称	币别/计量单位	辅助核算	方向	备注
1001	库存现金		日记账	借	修改
1002	银行存款		日记账、银行账	借	修改
100201	工行人民币户		日记账、银行账	借	新增
100202	中行美元户	美元	日记账、银行账	借	新增
1121	应收票据		客户往来	借	修改
1122	应收账款		客户往来	借	修改
1123	预付账款		供应商往来	借	修改
1221	其他应收款			借	
122101	应收职工借款		个人往来	借	新增
1403	原材料			借	
140301	芯片	个		借	新增
140302	显示屏 9	个		借	新增
140303	显示屏 7	个		借	新增
140304	机壳	个		借	新增
140305	摄像头	个		借	新增
1405	库存商品		项目核算	借	修改
1901	待处理资产损溢			借	
190101	待处理流动资产损溢			借	新增
190102	待处理固定资产损溢			借	新增
2201	应付票据		供应商往来	贷	修改
2202	应付账款		供应商往来	贷	修改
2203	预收账款		客户往来	贷	修改
2211	应付职工薪酬			贷	
221101	应付工资			贷	新增
221102	职工福利			贷	新增
221103	社会保险			贷	新增
221104	住房公积金			贷	新增
2221	应交税费			贷	

(续表)

科目编码	科目名称	币别/计量单位	辅助核算	方向	备注
222101	应交增值税			贷	新增
22210101	进项税额			贷	新增
22210105	销项税额			贷	新增
222102	未交增值税			贷	新增
4104	利润分配				
410415	未分配利润				新增
5001	生产成本			借	
500101	直接材料		项目核算	借	新增
500102	直接人工			借	新增
500103	制造费用			借	新增
5101	制造费用			借	
510101	工资			借	新增
510102	折旧费			借	新增
6001	主营业务收入		项目核算	贷	修改
6401	主营业务成本		项目核算	借	修改
6602	管理费用			借	
660201	办公费		部门核算	借	新增
660202	差旅费		部门核算	借	新增
660203	薪资		部门核算	借	新增
660204	福利费		部门核算	借	新增
660205	招待费		部门核算	借	新增
660206	折旧费		部门核算	借	新增

要求:

① 增加表中"备注"栏标注为"新增"的科目。

② 修改表中"备注"栏标注为"修改"的科目。

③ 指定"1001 库存现金"为现金总账科目、"1002 银行存款"为银行总账科目。

(3) 凭证类别

凭证类别如表 3-3 所示。

表 3-3　凭证类别

类 别 名 称	限 制 类 型	限 制 科 目
收款凭证	借方必有	1001,1002
付款凭证	贷方必有	1001,1002
转账凭证	凭证必无	1001,1002

(4) 项目目录

项目大类：产品

项目分类：1—平板电脑；2—智能电话

项目目录：如表 3-4 所示

表 3-4　项目目录

项 目 编 号	项 目 名 称	所属分类码
01	华星	1
02	华晨	1
03	华卫	2

按产品大类核算的会计科目为：1405 库存商品、500101 生产成本/直接材料、6001 主营业务收入、6401 主营业务成本。

3. 期初余额

(1) 期初余额(如表 3-5 所示)

表 3-5　期初余额

科目编号及名称	辅助核算	方向	币别/计量	期初余额	备　　注
库存现金(1001)	日记账	借		8 000	
银行存款(1002)	日记账、银行账	借		222 000	
工行人民币户(100201)	日记账、银行账	借		222 000	
应收账款(1122)	客户往来	借		28 468	见辅助账明细
预付账款(1123)	供应商往来	借		20 000	见辅助账明细
其他应收款(1221)		借		6 000	
应收职工借款(122101)	个人往来	借		6 000	见辅助账明细
原材料(1403)		借		246 000	
芯片(140301)	数量核算	借	220 个	110 000	
显示屏 9(140302)	数量核算	借	165 个	36 300	
显示屏 7(140303)	数量核算	借	300 个	42 000	
机壳(140304)	数量核算	借	290 个	14 500	
摄像头(140305)	数量核算	借	480 个	43 200	
库存商品(1405)		借		1 848 000	华星 1 160 000 华晨 480 000 华卫 208 000
固定资产(1601)		借		707 500	
累计折旧(1602)		贷		122 094	
短期借款(2001)		贷		200 000	

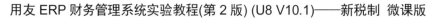
(续表)

科目编号及名称	辅助核算	方向	币别/计量	期初余额	备 注
应付账款(2202)	供应商往来	贷		71 538	见辅助账明细
预收账款(2203)	客户往来	贷		30 000	见辅助账明细
应付职工薪酬(2211)		贷		220 000	
应付工资(221101)		贷		220 000	
应交税费(2221)		贷		81 680	
应交增值税(222101)		贷		81 680	
进项税额(22210101)		贷		-38 320	
销项税额(22210105)		贷		120 000	
长期借款(2501)		贷		500 000	
实收资本(4001)		贷		1 000 000	
资本公积(4002)		贷		500 000	
利润分配(4104)		贷		360 656	
未分配利润(410415)		贷		360 656	

(2) 辅助账期初明细

应收账款明细：1122 应收账款　　余额：借 28 468 元

日　期	凭证号	客　户	业务员	摘　要	方向	金额	票号
2019-11-12	转-89	天益	刘红	期初	借	6 328	78987
2019-11-18	转-135	明兴	刘红	期初	借	9 492	78988
2019-11-22	转-170	大地	刘红	期初	借	12 430	78989
2019-11-22	转-171	大地	刘红	代垫运费	借	218	

预付账款明细：1123 预付账款　　余额：借 20 000 元

日　期	凭证号	供应商	业务员	摘　要	方　向	金　额	票　号
2019-11-23	转-175	无忧	李明	期初	借	20 000	

其他应收款明细：122101 应收职工借款　　余额：借 6 000 元

日　期	凭证号	部　门	个　人	摘　要	方　向	金　额
2019-12-19	付-98	采购部	李明	出差借款	借	6 000

应付账款明细：2202 应付账款　　余额：贷 71 538 元

日　期	凭证号	供应商	业务员	摘　要	方　向	金　额
2019-11-15	转-101	无忧	李明	期初	贷	37 968
2019-11-18	转-132	杰信	李明	期初	贷	10 170
2019-11-23	转-178	大为	李明	期初	贷	23 400

预收账款明细：2203 预收账款　　余额：贷 30 000 元

日　期	凭证号	客　户	业务员	摘　要	方　向	金　额
2019-11-26	转-197	伟达	韩乐乐	期初	贷	30 000

实验指导

1. 设置总账选项　(微课视频：WK030101)

为了最大范围地满足不同企业用户的信息化应用需求，总账作为通用商品化管理软件的核心子系统，是通过内置大量的选项也称参数来提供面向不同企业应用的解决方案的。软件越通用，意味着系统内置的参数越多，系统参数的设置决定了企业的应用模式和应用流程。为了明确各项参数的适用对象，软件一般将参数分门别类进行管理。

操作步骤：

① 在企业应用平台的"业务工作"选项卡中，执行"财务会计"|"总账"命令，打开总账系统。

② 在总账系统中，执行"设置"|"选项"命令，打开"选项"对话框。

③ 单击"编辑"按钮，进入修改状态。

④ 在"凭证"选项卡中，按照实验资料的要求进行相应的设置，如图 3-1 所示。

图 3-1　"凭证"选项卡

提示：

选择"可以使用应收受控科目"选项时，系统弹出"受控科目被其他系统使用时，会造成应收系统与总账对账不平"的信息提示，单击"确定"按钮返回即可。

⑤ 在"权限"选项卡中选中"凭证审核控制到操作员"和"出纳凭证必须由出纳

签字"复选框,取消选中"允许修改、作废他人填制的凭证"复选框。

⑥ 单击打开"会计日历"选项卡,按照实验资料的要求进行相应的设置。

⑦ 单击打开"其他"选项卡,按照实验资料的要求进行相应的设置。

⑧ 单击"确定"按钮保存并返回。

2. 设置财务基础档案

(1) 外币设置 **(微课视频: WK03010201)**

操作步骤:

① 在企业应用平台"基础设置"选项卡中,执行"基础档案"|"财务"|"外币设置"命令,进入"外币设置"窗口。

② 输入币符"$",币名"美元",其他项目采用默认值,单击"确认"按钮。

③ 输入 2020.01 月份的记账汇率为"6.55",按 Enter 键确认,如图 3-2 所示。

④ 单击"退出"按钮,完成外币设置。

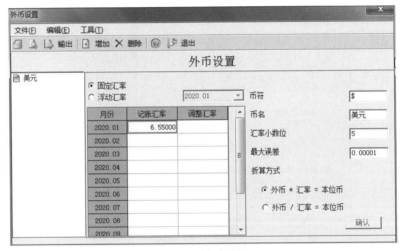

图 3-2 外币设置

提示:

使用固定汇率的用户,在填制每月的凭证前应预先在此录入本月的记账汇率;使用浮动汇率的用户,在填制该天的凭证前,应预先在此录入当天的记账汇率。

(2) 增加会计科目 **(微课视频: WK03010202)**

操作步骤:

① 在企业应用平台的"基础设置"中,执行"基础档案"|"财务"|"会计科目"命令,进入"会计科目"窗口。

② 单击"增加"按钮,打开"新增会计科目"对话框,如图 3-3 所示。

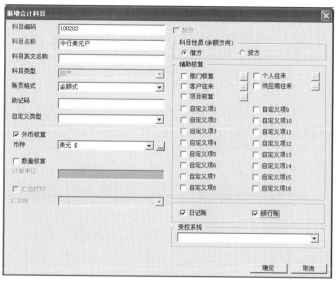

图 3-3 增加会计科目

③ 按实验资料所给的会计科目表输入"备注"栏标注为"新增"的
会计科目，单击"确定"按钮保存。

(3) 修改会计科目 **(微课视频：WK03010203)**

操作步骤：

① 在"会计科目"窗口中，将光标定位在"库存现金"科目，单击"修改"按钮，
打开"会计科目_修改"对话框。

② 单击"修改"按钮，选中"日记账"复选框，如图 3-4 所示。单击"确定"按钮。

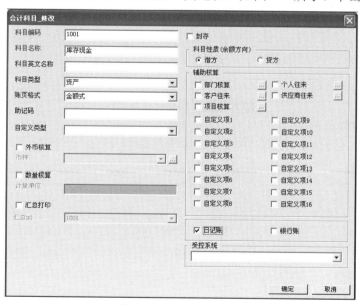

图 3-4 修改会计科目

③ 对会计科目表"备注"栏中所有标注为"修改"的科目进行修改。

(4) 指定会计科目　(微课视频：WK03010204)

操作步骤：

① 在"会计科目"窗口中，执行"编辑"|"指定科目"命令，打开"指定科目"对话框。

② 单击选中"现金科目"单选按钮，从"待选科目"列表框中选择"1001 库存现金"科目，单击">"按钮，将"库存现金"科目添加到"已选科目"列表中。

③ 同理，将"银行存款"科目设置为银行科目，如图 3-5 所示。

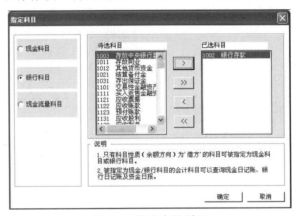

图 3-5　指定会计科目

④ 单击"确定"按钮，保存。

(5) 凭证类别　(微课视频：WK03010205)

操作步骤：

① 在企业应用平台的"基础设置"选项卡中，执行"基础档案"|"财务"|"凭证类别"命令，打开"凭证类别预置"对话框。

② 单击选中"收款凭证 付款凭证 转账凭证"单选按钮，如图 3-6 所示。

图 3-6　凭证类别预置

③ 单击"确定"按钮，进入"凭证类别"窗口。

④ 单击"修改"按钮，双击收款凭证后的限制类型，出现下拉箭头，选择"借方必有"，选择或输入限制科目"1001,1002"，如图 3-7 所示。

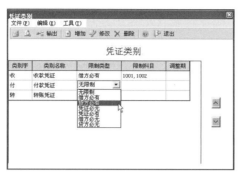

图3-7 凭证类别设置

✎ **提示:**

- 已使用的凭证类别不能删除，也不能修改类别字。
- 如果收款凭证的限制类型为借方必有"1001, 1002"，则在填制凭证时系统要求收款凭证的借方一级科目至少有一个是"1001"或"1002"，否则，系统会判断该张凭证不属于收款凭证类别，不允许保存。付款凭证及转账凭证也应满足相应的要求。
- 如果直接录入科目编码，则编码间的标点符号应为英文状态下的标点符号，否则系统会提示科目编码有错。

⑤ 同样，设置其他限制类型和限制科目。

(6) 项目目录

- 新增项目大类 **(微课视频: WK03010206)**

操作步骤:

① 在企业应用平台的"基础设置"选项卡中，执行"基础档案"|"财务"|"项目目录"命令，打开"项目档案"对话框。

② 单击"增加"按钮，打开"项目大类定义_增加"对话框。

③ 输入新项目大类名称为"产品"，选择新增项目大类的属性为"普通项目"，如图3-8所示。

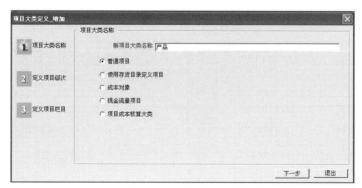

图3-8 新增项目大类

④ 单击"下一步"按钮，打开"定义项目级次"设置区，设定项目级次为一级 1 位，如图 3-9 所示。

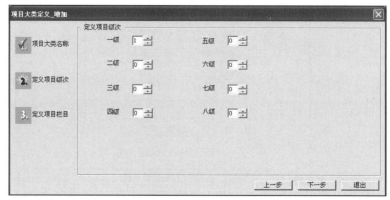

图 3-9　定义项目级次

⑤ 单击"下一步"按钮，打开"定义项目栏目"设置区，取系统默认值，不做修改。
⑥ 单击"完成"按钮，返回"项目档案"界面。

● 指定项目核算科目　**(微课视频：WK03010207)**

操作步骤：
① 单击"项目大类"栏的下三角按钮，选择"产品"项目大类。
② 单击打开"核算科目"选项卡，单击 ≫ 按钮将全部待选科目选择为按产品项目大类核算的科目，如图 3-10 所示。
③ 单击"确定"按钮，保存。

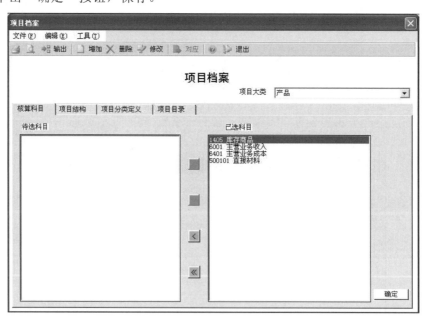

图 3-10　选择项目核算科目

- 进行项目分类定义 **(微课视频：WK03010208)**

操作步骤：

① 单击打开"项目分类定义"选项卡。

② 输入分类编码为"1"，分类名称为"平板电脑"，单击"确定"按钮。

③ 用类似的方法输入其他项目，如图 3-11 所示。

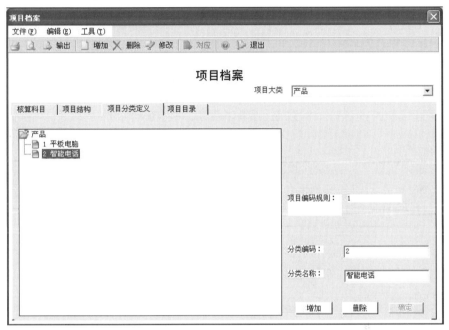

图 3-11 项目分类定义

- 项目目录维护 **(微课视频：WK03010209)**

操作步骤：

① 单击打开"项目目录"选项卡，单击"维护"按钮，进入"项目目录维护"窗口。

② 单击"增加"按钮，输入"01 华星"项目，所属分类码为"1"，用类似的方法增加其他项目，如图 3-12 所示。

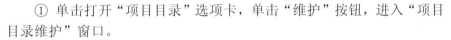

提示：

- 一个项目大类可以指定多个科目，一个科目只能属于一个项目大类。
- 在每年年初应将已结算或不用的项目删除。结算后的项目将不能再使用。

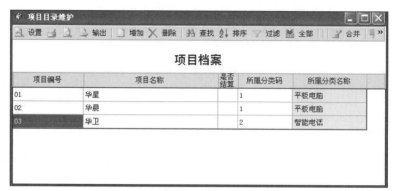

图 3-12　项目目录维护

3. 录入期初余额

(1) 无辅助核算的科目余额录入　**(微课视频：WK03010301)**

操作步骤：

① 在总账系统中，执行"设置"|"期初余额"命令，进入"期初余额录入"窗口。期初余额列底色有 3 种颜色。

② 底色为白色的单元格为末级科目，期初余额直接录入，如库存现金科目、银行存款\工行人民币户等。上级科目的余额自动汇总计算。

③ 数量辅助核算科目，如原材料/芯片，第 1 行录入金额余额，第 2 行入数量余额，且必须先录金额再录数量。

 **提示：**--

- 如果要修改余额的方向，可以在未录入余额的情况下，单击"方向"按钮改变余额的方向。

- 总账科目与其下级科目的方向必须一致。如果所录入明细余额的方向与总账余额方向相反，则用"-"号表示，如"应交税金/应交增值税/进项税额"科目的借方余额"38 320"需要录入为"-38 320"。

----

(2) 客户往来辅助核算科目录入　**(微课视频：WK03010302)**

底色为黄色的单元是设置了客户往来、供应商往来、部门核算、个人往来、项目核算的核算科目的。以应收账款为例来介绍客户往来辅助核算科目的录入。

操作步骤：

① 双击应收账款科目"期初余额"栏，进入"辅助期初余额"窗口。

② 单击"往来明细"按钮，进入"期初往来明细"窗口。

③ 单击"增行"按钮，按资料录入应收账款往来明细，如图 3-13 所示。

图 3-13　期初往来明细

④ 单击"汇总"按钮，系统自动汇总并弹出"完成了往来明细到辅助期初表的汇总！"的信息提示，单击"确定"按钮。

⑤ 单击"退出"按钮，返回"辅助期初余额"界面，如图 3-14 所示。

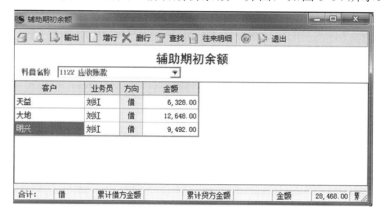

图 3-14　辅助期初余额

⑥ 单击"退出"按钮，返回期初余额录入界面，应收账款科目余额已自动生成。同理，录入其他应收款科目、应付账款科目期初余额。

(3) 项目核算科目期初余额录入　(微课视频：**WK03010303**)

项目辅助核算期初余额录入与其他辅助核算不同，以库存商品为例介绍如下。

操作步骤：

① 双击库存商品科目"期初余额"栏，进入"辅助期初余额"窗口。

② 单击"增行"按钮，按项目录入期初余额，如图 3-15 所示。

③ 单击"退出"按钮，返回"期初余额"窗口，库存商品科目余额已自动生成。

图 3-15　项目核算科目期初余额录入

(4) 试算平衡 *(微课视频：* **WK03010304)**

① 输入完所有科目余额后，在期初余额界面，单击"试算"按钮，打开"期初试算平衡表"对话框，如图 3-16 所示。

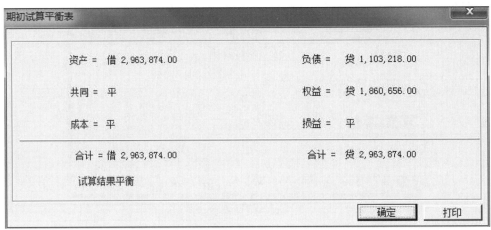

图 3-16　"期初试算平衡表"对话框

② 若期初余额不平衡，则修改期初余额；若期初余额试算平衡，则单击"确定"按钮。

✍ **提示：**---

● 系统只能对期初余额的平衡关系进行试算，而不能对年初余额进行试算。

● 如果期初余额不平衡，可以填制凭证、审核凭证，但是不允许记账。

● 凭证记账后，期初余额变为"只读、浏览"状态，不能再修改。

----

4. 账套备份(略)

全部完成后，将账套输出至"3-1 总账初始化"文件夹中。

实验二　总账系统日常业务处理

🔊 实验准备

引入"3-1 总账初始化"账套数据,将系统日期更改为"2020-01-31"。

📝 实验要求

1. 以"001 周健"的身份设置常用摘要、常用凭证,进行凭证审核、记账、查询等操作。
2. 以"002 王东"的身份进行填制凭证、修改凭证、删除凭证、红字冲销等操作。
3. 以"003 张平"的身份进行出纳签字。

📖 实验资料

1. 常用摘要(如表 3-6 所示)

表 3-6　常用摘要

摘 要 编 码	摘 要 内 容
1	购置办公用品
2	职工出差借款

2. 常用凭证

编码:1;摘要:从工行提现金;凭证类别:付款凭证;科目编码:1001 和 100201。

3. 填制凭证

(1) 增加凭证

2020 年 1 月发生的经济业务如下。

① 1 月 8 日,销售部报销餐费 600 元,以现金支付。

　　借:销售费用　　　　　600

　　　　贷:库存现金　　　　　　　600

② 1 月 8 日,财务部张平持现金支票(票号 8356)从工行提取备用金 10 000 元。调用常用凭证完成。

　　借:库存现金　　　　　　　10 000

　　　　贷:银行存款——工行存款　　　　10 000

③ 1 月 12 日，销售给光华公司一批华星平板电脑，货税款 90 400 元(货款 80 000 元，税款 10 400 元)尚未收到。

      借：应收账款(光华公司)   90 400

         贷：主营业务收入   80 000

            应交税费——增值税——销项税额   10 400

④ 1 月 15 日，收到李明偿还借款 3 000 元。

      借：库存现金   3 000

         贷：其他应收款——应收职工借款(李明)   3 000

⑤ 1 月 17 日，向杰信公司采购摄像头 200 个，无税单价 80 元，货款 16 000 元，进项税 2 080 元，以转账支票支付，票号 8201。

      借：原材料   16 000

         应交税费——增值税——进项税额   2 080

         贷：银行存款——工行存款   18 080

⑥ 1 月 20 日，企管部杨文购置办公用品 400 元，进项税 52 元，以转账支票支付，票号 8231。

      借：管理费用——办公费   400

        应交税费——增值税——进项税额   52

         贷：银行存款——工行存款   452

(2) 修改凭证

经查，12 日销售的平板电脑为"华晨"而非"华星"，需要改正。

(3) 删除凭证

8 日，销售部报销的餐费属个人消费行为，不允许报销，现金已追缴。

4. 出纳签字

以"003 张平"身份进行出纳签字。

5. 审核凭证

以"001 周健"身份进行凭证审核。

6. 记账

以"001 周健"身份进行记账。

7. 冲销凭证

(1) 冲销 1 月 20 日购置办公用品的凭证。

(2) 练习删除红字冲销凭证。

8. 查询凭证

查询 2020 年 1 月份 "转-0001" 号凭证。

9. 账簿查询

(1) 查询 "6602 管理费用" 总账，并联查明细账和凭证

(2) 查询发生额及余额表并联查专项资料

(3) 定义并查询 "应交增值税" 多栏账

(4) 查询客户往来明细账

(5) 进行部门收支分析

10. 账套备份

💻 实验指导

1. 设置常用摘要 (微课视频：WK030201)

以 "001 周健" 的身份登录，设置常用摘要。

操作步骤：

① 在企业应用平台的 "基础设置" 选项卡中，执行 "基础档案" | "其他" | "常用摘要" 命令，打开 "常用摘要" 对话框。

② 单击 "增加" 按钮，按实验资料录入常用摘要，如图 3-17 所示。

图 3-17 常用摘要

👆 **提示：**

- 设置常用摘要后可以在填制凭证时调用。

- 常用摘要中的 "相关科目" 是指使用该摘要时通常使用的相关科目。如果设置了相关科目，则在调用该常用摘要时系统会将相关科目一并列出，并可以进行修改。

2. 设置常用凭证 (微课视频: WK030202)

以"001 周健"的身份登录，设置常用凭证。

操作步骤:

① 执行"凭证"|"常用凭证"命令，打开"常用凭证"对话框。

② 单击"增加"按钮，录入编码"1"，录入说明"从工行提现金"，单击"凭证类别"栏的下三角按钮，选择"付款凭证"。

③ 单击"详细"按钮，进入"常用凭证—付款凭证"窗口。

④ 单击"增分"按钮，在"科目名称"栏录入"1001"；再单击"增分"按钮，在第 2 行"科目名称"栏录入"100201"；选择结算方式"现金支票"，如图 3-18 所示。

图 3-18 定义常用凭证

⑤ 单击"确定"按钮，再单击"退出"按钮退出。

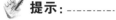 **提示:** --

● 在填制凭证时可以执行"常用凭证"|"调用常用凭证"命令，调用事先定义的常用凭证，或在填制凭证功能中按 F4 键调用常用凭证。

● 调用的常用凭证可以修改。

----

3. 填制凭证

单击"重注册"按钮，以"002 王东"的身份登录。

(1) 增加凭证

● 业务 1：无辅助核算的一般业务 **(微课视频：WK03020301)**

操作步骤：

① 在企业应用平台的"业务工作"选项卡中，执行"总账"|"凭证"|"填制凭证"命令，进入"填制凭证"窗口。

② 单击"增加"按钮或者按 F5 键，系统自动增加一张空白收款凭证。

③ 单击凭证类别的"参照"按钮，选择"付款凭证"。按 Enter 键，凭证号 0001 自动产生。

④ 修改凭证制单日期为"2020.01.08"。按照制单序时控制要求，制单日期不能小于上一张同类型凭证的制单日期，且不能大于系统日期。

⑤ 输入附单据数"1"。附单据数是指该记账凭证所附原始单据的张数。

⑥ 在"摘要"栏直接录入摘要"报销餐费"。按 Enter 键或单击"科目名称"栏的参照按钮(或按 F2 键)，选择"损益"类科目"6601 销售费用"，或者直接在"科目名称"栏输入"6601"。录入借方金额"600"。

⑦ 按 Enter 键，系统自动复制上一行的摘要，可以修改。录入贷方金额时，可以在"贷方金额"处直接按"="键，系统自动计算目前借贷方差额并放置于当前位置。

⑧ 单击"保存"按钮，系统弹出"凭证已成功保存！"信息提示，单击"确定"按钮返回，如图 3-19 所示。

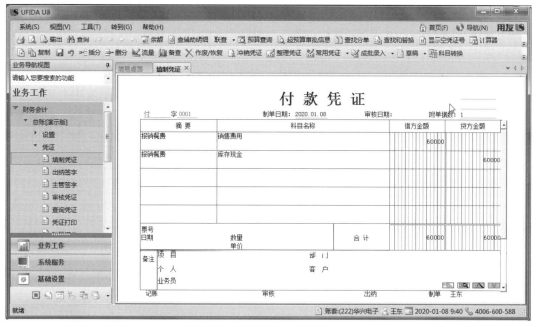

图 3-19　填制凭证—第 1 笔业务

提示:

- 如果在设置凭证类别时已经设置了不同种类凭证的限制类型及限制科目,那么在填制凭证时,若凭证类别选择错误,则在进入新的状态时系统会提示凭证不能满足的条件,且凭证不能保存。
- 若选择了系统编号方式,则凭证编号按凭证类别且按月顺序编号。
- 凭证一旦保存,其凭证类别、凭证编号不能修改。
- 正文中不同分录行的摘要可以相同也可以不同,但不能为空。每行摘要将随相应的会计科目在明细账、日记账中出现。
- 科目编码必须是末级的科目编码。
- 金额不能为"零";红字以"-"号表示。
- 按"="键意为取借贷方差额到当前光标位置。每张凭证上只能使用一次。
- 如果凭证的金额录错了方向,可以直接按空格键改变金额方向。
- 凭证填制完成后,可以单击"保存"按钮保存凭证,也可以单击"增加"按钮保存并增加下一张凭证。

- 业务 2:调用常用凭证。银行账辅助核算科目使用了需要票据管理的结算方式 **(微课视频: WK03020302)**

操作步骤:

① 在"填制凭证"窗口中,单击"常用凭证"下三角按钮并选择"调用常用凭证"选项,打开"调用常用凭证"对话框。

② 输入常用凭证代号"1",单击"确定"按钮,屏幕上出现事先定义的常用凭证。

③ 录入"库存现金"借方金额为"10 000"。将光标定位在凭证上的第 2 行,并下移至凭证下方票号处,鼠标变形为黑色"笔状"时双击,打开"辅助项"对话框。输入现金支票票号"8356"和发生日期"2020-01-08",如图 3-20 所示,单击"确定"按钮返回。

图 3-20 补充录入票号和发生日期

④ 单击"保存"按钮，系统弹出"此支票尚未登记，是否登记？"信息提示，如图 3-21 所示。

⑤ 单击"是"按钮，弹出"票号登记"对话框，输入如图 3-22 所示的各项信息。

图 3-21　提醒支票登记信息框

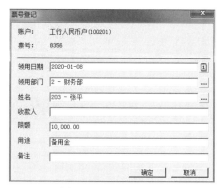

图 3-22　票号登记

⑥ 单击"确定"按钮，弹出信息提示"凭证已成功保存！"，单击"确定"按钮。

提示：

- 100201 科目设置了银行账辅助核算，凭证中使用了银行账辅助核算科目时，银行账辅助信息不能为空，以利于之后的银行对账。
- 若在"总账"选项中选择了"支票控制"，那么在"结算方式"中设置为"票据管理"结算方式的票号应在支票登记簿中进行登记。

- 业务 3：客户往来辅助核算、项目核算　**(微课视频：WK03020303)**

操作步骤：

① 在填制凭证过程中，输入客户往来科目"1122"，弹出"辅助项"对话框。

② 选择输入客户"光华"，发生日期"2020-01-12"，如图 3-23 所示。

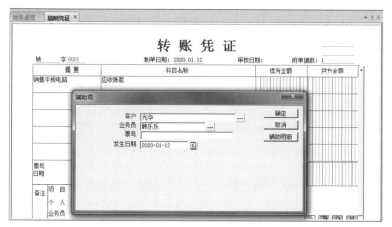

图 3-23　填制第 3 笔业务凭证—客户往来辅助核算

③ 在输入完项目核算科目"6001"后,弹出"辅助项"对话框。选择输入项目名称"华星",如图 3-24 所示。

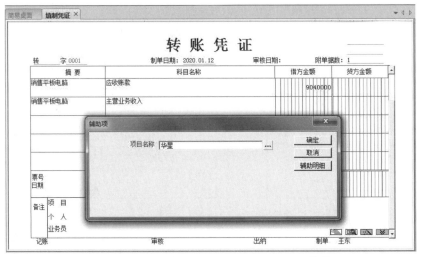

图 3-24　填制第 3 笔业务凭证—项目辅助核算

④ 单击"确定"按钮。输入凭证的其他信息并保存。

● **业务 4：个人往来辅助核算** (微课视频：**WK03020304**)

操作步骤：

① 在填制凭证过程中,输完个人往来科目"122101"后,弹出"辅助项"对话框。

② 选择输入部门"采购部",个人"李明",发生日期"2020-01-15",如图 3-25 所示。

③ 单击"确定"按钮。

图 3-25　填制第 4 笔业务凭证—个人往来辅助核算

● 业务 5：数量核算、供应商往来辅助核算　**(微课视频：WK03020305)**

操作步骤：

① 在填制凭证过程中，输入数量科目"140305"，弹出"辅助项"对话框。

② 输入数量"200"，单价"80"，如图 3-26 所示，单击"确定"按钮返回。

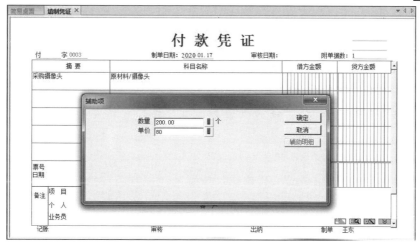

图 3-26　填制第 5 笔业务凭证—数量辅助核算

③ 保存凭证时，登记支票登记簿。

● 业务 6：调用常用摘要、部门辅助核算　**(微课视频：WK03020306)**

操作步骤：

① 在填制凭证过程中，在"摘要"栏输入常用摘要序号"1"即可调出预先设置的常用摘要。输入完部门核算科目"660201"后，弹出"辅助项"对话框。

② 选择输入部门"企管部"，单击"确定"按钮，如图 3-27 所示。

③ 保存凭证时，登记支票登记簿。

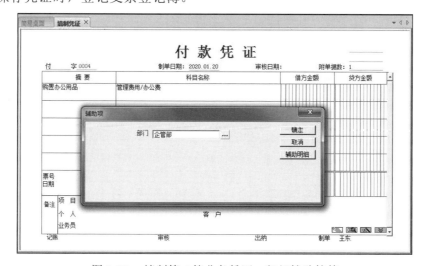

图 3-27　填制第 6 笔业务凭证—部门辅助核算

(2) 修改凭证　　**(微课视频：WK03020307)**

操作步骤：

① 执行"凭证"|"填制凭证"命令，进入"填制凭证"窗口。

② 单击 |◀ ◀ ▶ ▶| 按钮，找到要修改的"转-0001"凭证。

③ 选中"6001 主营业务收入"辅助核算科目行，然后将光标移动到凭证下方的备注栏，待光标变形为"🖉"时双击，弹出"辅助项"对话框。删除已有的"华星"，重新选择"华晨"。

提示：

- 未经审核的错误凭证可通过"填制凭证"功能直接修改，但是凭证类别不能修改。
- 已审核的凭证或已出纳签字的凭证需由原签字人取消审核签字后，再进行修改。
- 若选择了"不允许修改、作废他人填制的凭证"的权限控制，则不能修改或作废他人填制的凭证。若"允许修改、作废他人填制的凭证"，则最后一个修改该凭证的人成为该凭证的制单人。
- 如果涉及银行科目的分录已录入支票信息，并对该支票做过报销处理，则修改操作将不影响"支票登记簿"中的内容。
- 如果在总账系统的选项中选中了"允许修改、作废他人填制的凭证"选项，则在"填制凭证"功能中可以由非原制单人修改或作废他人填制的凭证，被修改凭证的制单人将被修改为现在修改凭证的人。
- 如果在总账系统的选项中没有选中"允许修改、作废他人填制的凭证"选项，则只能由原制单人在填制凭证的功能中修改或作废凭证。

(3) 删除凭证　　**(微课视频：WK03020308)**

U8 中，删除凭证是通过作废凭证和整理凭证两步实现的。

- 作废凭证

操作步骤：

① 在"填制凭证"窗口中，先查询到要作废的凭证"付-0001"。

② 单击 ✕作废/恢复 按钮，凭证的左上角显示"作废"字样，表示该凭证已作废，如图 3-28 所示。

提示：

- 作废凭证仍保留凭证内容及编号，只显示"作废"字样。
- 作废凭证不能修改，不能审核。
- 在记账时，已作废的凭证应参与记账，否则月末无法结账，但不对作废凭证做数据处理，相当于一张空凭证。

- 账簿查询时，查不到作废凭证的数据。
- 若当前凭证已作废，可再次单击 ✕ 作废/恢复 按钮，取消作废标志，并将当前凭证恢复为有效凭证。

图 3-28　作废凭证

- 整理凭证

操作步骤:

① 在"填制凭证"窗口中，单击 整理凭证 按钮，打开"凭证期间选择"对话框。

② 选择要整理的凭证期间"2020.01"，单击"确定"按钮，打开"作废凭证表"对话框。

③ 单击"全选"按钮或双击要删除的凭证记录行，选择要删除的作废凭证，如图 3-29 所示。

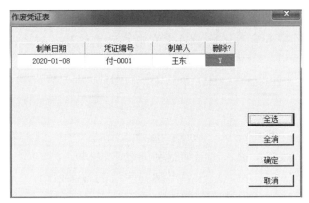

图 3-29　"作废凭证表"对话框

④ 单击"确定"按钮，系统将弹出"是否还需整理凭证断号"信息提示，如图 3-30 所示。

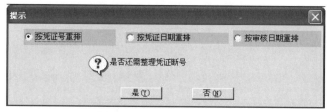

图 3-30　整理凭证号提示

⑤ 单击"是"按钮，系统将这些凭证从数据库中删除并对剩下的凭证重新排号。

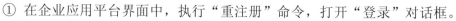
提示：

- 如果作废凭证不想保留，则可以通过"整理凭证"功能，将其彻底删除，并对未记账凭证重新编号。
- 只能对未记账凭证的作废凭证做凭证整理。

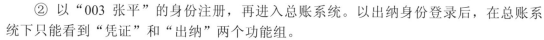

4. 出纳签字　(微课视频：WK030204)

(1) 更换操作员

操作步骤：

① 在企业应用平台界面中，执行"重注册"命令，打开"登录"对话框。
② 以"003 张平"的身份注册，再进入总账系统。以出纳身份登录后，在总账系统下只能看到"凭证"和"出纳"两个功能组。

提示：

- 凭证填制人和出纳签字人可以为不同的人，也可以为同一个人。
- 按照会计制度规定，凭证的填制与审核不能是同一个人。
- 在进行出纳签字和审核之前，通常需先更换操作员。

(2) 出纳签字

操作步骤：

① 执行"凭证"|"出纳签字"命令，打开"出纳签字"查询条件对话框。
② 单击"确定"按钮，进入"出纳签字列表"窗口。
③ 双击某一要签字的凭证，进入"出纳签字"的签字窗口。
④ 单击"签字"按钮，凭证底部的"出纳"处自动签上出纳姓名。
⑤ 单击"下张"按钮 ➡，对其他凭证签字，最后单击"退出"按钮退出。

✍ **提示：**

● 出纳签字与在审核的凭证没有顺序关系，既可以在审核凭证前进行，也可以在审核凭证后进行。

● 涉及指定为现金科目和银行科目的凭证才需出纳签字。

● 凭证一经签字，就不能被修改、删除，只有取消签字后才可以修改或删除，取消签字只能由出纳自己进行。

● 凭证签字并非审核凭证的必要步骤。若在设置总账参数时，不选择"出纳凭证必须经由出纳签字"选项，则可以不执行"出纳签字"功能。

● 可以执行"批处理"|"成批出纳签字"命令对所有凭证进行出纳签字。

5. 审核凭证 (微课视频：WK030205)

操作步骤：

① 重新注册，更换操作员为"001 周健"。

② 执行"凭证"|"审核凭证"命令，打开"凭证审核"对话框。

③ 单击"确定"按钮，进入"凭证审核列表"窗口。

④ 双击打开待审核的第 1 号"收款凭证"。

⑤ 单击"审核"按钮(第 1 号收款凭证审核完成后，系统自动翻页到第 2 张待审核的凭证)，再单击"审核"按钮，直到将已经填制的 5 张凭证全部审核签字，如图 3-31 所示。

⑥ 单击"退出"按钮退出。

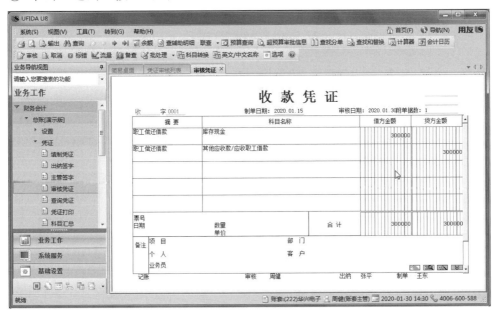

图 3-31 审核凭证

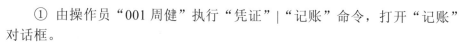

提示: --

- 系统要求制单人和审核人不能是同一个人,因此在审核凭证前一定要先检查当前操作员是否就是制单人,如果是,则应更换操作员。
- 审核日期必须大于等于制单日期。
- 审核中发现凭证错误可以进行"标错"处理,以方便制单人准确定位错误凭证以便修改。
- 作废凭证不能被审核,也不能被标错。
- 凭证一经审核,不能被修改、删除,只有原审核签字人取消审核签字后才可修改或删除。
- 可以执行"批处理"|"成批审核凭证"命令对所有凭证进行审核签字。

---

6. 记账 (微课视频: WK030206)

① 由操作员"001 周健"执行"凭证"|"记账"命令,打开"记账"对话框。

② 单击"全选"按钮,选择对所有已审核凭证进行记账。

③ 单击"记账"按钮,打开"期初试算平衡表"对话框。单击"确定"按钮,系统自动进行记账,记账完成后,系统弹出"记账完毕!"信息提示,如图 3-32 所示。

④ 单击"确定"按钮。

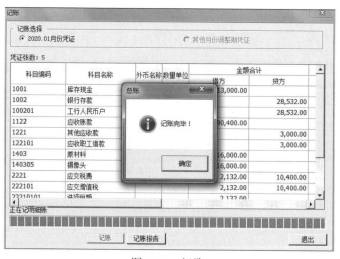

图 3-32 记账

提示: --

- 如果期初余额试算不平衡,则不允许记账。
- 如果有未审核的凭证,则不允许记账;记账范围应小于等于已审核凭证范围。
- 上月未结账,本月不能记账。

● 如果不输入记账范围，系统默认为所有凭证。
● 记账后不能整理断号。
● 已记账的凭证不能在"填制凭证"功能中进行查询。
● 作废凭证不需审核可直接记账。
● 记账过程中一旦因断电或其他原因造成中断后，系统将自动调用"恢复记账前状态"功能恢复数据，然后再重新记账。

7. 冲销凭证

(1) 以"002 王东"的身份登录总账，冲销 1 月 20 日的购置办公用品凭证 **(微课视频：WK030207)**

操作步骤:

① 在"填制凭证"窗口中，单击  冲销凭证 按钮，打开"冲销凭证"对话框。

② 选择输入"月份""凭证类别"信息；输入"凭证号"信息，如图 3-33 所示。

图 3-33 冲销凭证

③ 单击"确定"按钮，系统自动生成一张红字冲销凭证，如图 3-34 所示。

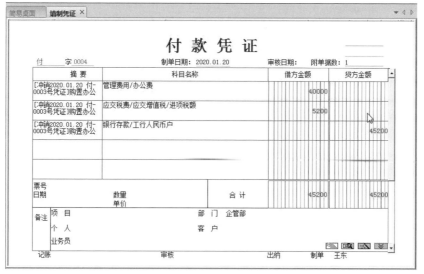

图 3-34 生成红字冲销凭证

提示:

- 冲销凭证相当于填制了一张凭证,不需要保存,只要进入新的状态就由系统将冲销凭证自动保存。
- 通过红字冲销法增加的凭证,应视同正常凭证进行保存和管理。
- 红字冲销只能针对已记账凭证进行。
- 红字冲销凭证也可以手工填制。
- 已冲销凭证仍需审核、出纳签字后记账。

(2) 删除红字冲销凭证

自行练习将红字冲销凭证删除。

8. 查询凭证 (微课视频: WK030208)

操作步骤:

① 执行"凭证" | "查询凭证"命令,打开"凭证查询"对话框。

② 选择"已记账凭证"单选按钮,选择凭证类别为"转 转账凭证",月份为"2020 年 1 月",在"凭证号"栏录入"1",如图 3-35 所示。

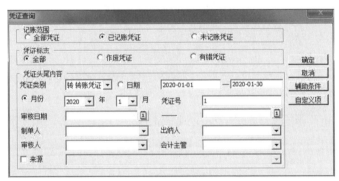

图 3-35 查询凭证

③ 单击"确定"按钮,进入"查询凭证列表"窗口。

④ 双击打开第 1 号转账凭证进行查看。

提示:

- 在"查询凭证"功能中既可以查询已记账凭证,也可以查询未记账凭证。而在"填制凭证"功能中只能查询到未记账凭证。
- 通过设置查询条件还可以查询"作废凭证""有错凭证"、某制单人填制的凭证、其他子系统传递过来的凭证,以及一定日期区间、一定凭证号区间的记账凭证。
- 已记账凭证除了可以在"查询凭证"功能中查询之外,还可以在查询账簿资料时,以联查的方式进行查询。
- 在"凭证查询"对话框中,单击"辅助条件"按钮,可以设定更多的查询条件。

9. 账簿查询

(1) 查询"6602 管理费用"总账　**(微课视频：WK03020901)**

操作步骤：

① 在总账系统中，执行"账表"|"科目账"|"总账"命令，打开"总账查询条件"对话框。

② 直接录入或选择科目编码"6602"，单击"确定"按钮，进入"管理费用总账"窗口，如图 3-36 所示。

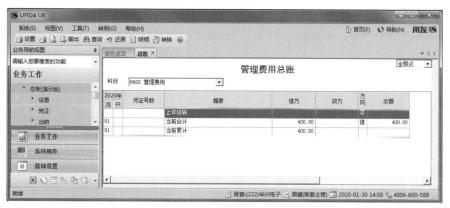

图 3-36　"管理费用总账"窗口

③ 单击选中"当前合计"栏，单击"明细"按钮，进入"管理费用明细账"窗口，如图 3-37 所示。

图 3-37　"管理费用明细账"窗口

④ 单击选中"付-0003"所在行，单击"凭证"按钮，打开第 3 号付款凭证。

⑤ 单击"退出"按钮退出。

提示：

- 在总账查询功能中，既可以查询到三栏式总账的年初余额、各月发生额合计和月末余额，也可以查询到二至五级明细科目的年初余额、各月发生额合计和月末余额，还可以查询到明细账中每项明细资料对应的记账凭证。
- 在查询总账时可以在总账条件查询中，通过录入科目范围查询一定科目范围内的总账。
- 在总账查询功能中可以查询"包含未记账凭证"的总账。
- 在明细账窗口中，单击"摘要"按钮可以设置摘要选项。
- 在明细账窗口中，单击"过滤"按钮可以录入明细账过滤条件。

(2) 查询发生额及余额表　**(微课视频：WK03020902)**

操作步骤：

① 在总账系统中，执行"账表"|"科目账"|"余额表"命令，打开"发生额及余额查询条件"对话框。

② 单击"确定"按钮，进入"发生额及余额表"窗口，如图 3-38 所示。

图 3-38　"发生额及余额表"窗口

③ 将光标定位在"1122 应收账款"，单击"专项"按钮，打开余额表中的专项资料，如图 3-39 所示。

④ 单击"退出"按钮退出。

图 3-39　科目余额表

提示:

- 在余额表查询功能中，可以查询各级科目的本月期初余额、本期发生额及期末余额。
- 在发生额及余额表中，单击"累计"按钮，可以查询到累计借贷方发生额。
- 在发生额及余额表中，单击"专项"按钮，可以查询到带有辅助核算内容的辅助资料。
- 可以查询某个余额查询范围内的余额情况。
- 可以查询到包含未记账凭证在内的最新发生额及余额。

(3) 定义并查询"应交增值税"多栏账　**(微课视频: WK03020903)**

操作步骤:

① 在总账系统中，执行"账表"|"科目账"|"多栏账"命令，进入"多栏账"窗口。

② 单击"增加"按钮，打开"多栏账定义"对话框。

③ 单击"核算科目"栏的下三角按钮，选择"2221 应交税费"，单击"自动编制"按钮，出现栏目定义的内容，如图 3-40 所示。

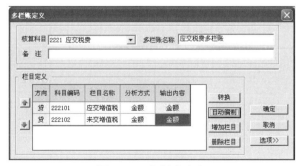

图 3-40　多栏账定义

④ 单击"确定"按钮,完成应交税费多栏账的设置。

⑤ 单击"查询"按钮,打开"多栏账查询"对话框。单击"确定"按钮,显示应交税费多栏账,如图 3-41 所示。

多栏账

多栏 应交税费多栏账   月份: 2020.01-2020.01

2020年		凭证号数	摘要	借方	贷方	方向	余额	贷方	
月	日							应交增值税	未交增值税
			上年结转			贷	81,680.00		
01	12	转-0001	销售平板电脑		10,400.00	贷	92,080.00	10,400.00	
01	17	付-0002	采购摄像头	2,080.00		贷	90,000.00		
01	20	付-0003	购置办公用品	52.00		贷	89,948.00		
01			当前合计	2,132.00	10,400.00	贷	89,948.00	10,400.00	
01			当前累计	2,132.00	10,400.00	贷	89,948.00	10,400.00	

图 3-41　应交税费多栏账

 提示: --

- 多栏账需要先定义再查询,定义是一次性的。
- 在总账系统中,普通多栏账由系统将要分析科目的下级科目自动生成"多栏账"。
- 多栏账的栏目内容可以自定义,也可以对栏目的分析方向、分析内容、输出内容进行定义,同时可以定义多栏账格式。
- 自定义多栏账可以根据实际管理需要将不同的科目及不同级次的科目形成新的多栏账,以满足多科目的综合管理。

----

(4) 查询客户往来明细账中的客户科目明细账　**(微课视频: WK03020904)**

操作步骤:

① 在总账系统中,执行"账表"|"客户往来辅助账"|"客户往来明细账"|"客户科目明细账"命令,打开"查询条件选择"对话框。

② 单击"确定"按钮,进入"客户科目明细账"窗口,如图 3-42 所示。

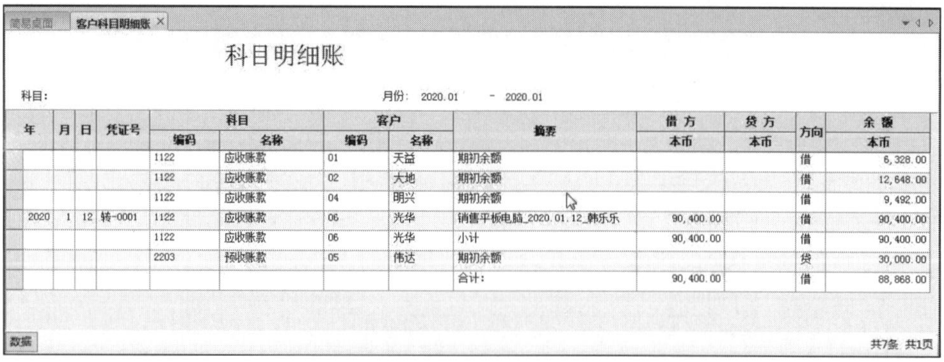

科目明细账

科目: 月份: 2020.01　-　2020.01

年	月	日	凭证号	科目 编码	科目 名称	客户 编码	客户 名称	摘要	借方 本币	贷方 本币	方向	余额 本币
				1122	应收账款	01	天益	期初余额			借	6,328.00
				1122	应收账款	02	大地	期初余额			借	12,648.00
				1122	应收账款	04	明兴	期初余额			借	9,492.00
2020	1	12	转-0001	1122	应收账款	06	光华	销售平板电脑_2020.01.12_韩乐乐	90,400.00		借	90,400.00
				1122	应收账款	06	光华	小计	90,400.00		借	90,400.00
				2203	预收账款	05	伟达	期初余额			贷	30,000.00
								合计:	90,400.00		借	88,868.00

数据   共7条 共1页

图 3-42　客户科目明细账

③ 查看后，单击"退出"按钮退出。

④ 可以进行客户往来余额、客户往来催款单、客户往来账龄分析等查询。

提示：

- 在"客户科目明细账"功能中，可以查询所有辅助核算内容为"客户往来"的科目明细账。

- 可以查询各个客户、各个月份的客户科目明细账。

- 可以查询包含未记账凭证的客户科目明细账。

- 在科目明细账中，可以联查到总账及凭证的内容，还可以进行摘要内容的设置。

- 客户往来辅助账的查询方式较多，可以根据不同需要在不同的查询功能中查找到有用的数据。

(5) 进行部门收支分析　**(微课视频：WK03020905)**

操作步骤：

① 执行"账表"|"部门辅助账"|"部门收支分析"命令，打开"部门收支分析条件"对话框。

② 选择管理费用下的明细科目作为分析科目，单击"下一步"按钮。

③ 选择"企管部""财务部""采购部"作为分析部门，如图 3-43 所示，单击"下一步"按钮。

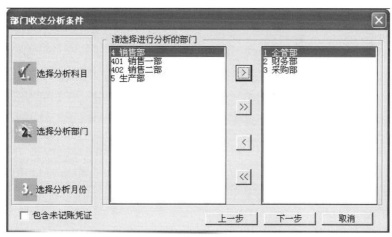

图 3-43　部门收支分析条件

④ 选择"2020.01"作为分析月份，单击"完成"按钮，系统显示部门收支分析表。

⑤ 单击"过滤"按钮，打开"过滤条件"对话框。选中"借方"，单击"确定"按钮，显示几个部门的本期支出情况，如图 3-44 所示。

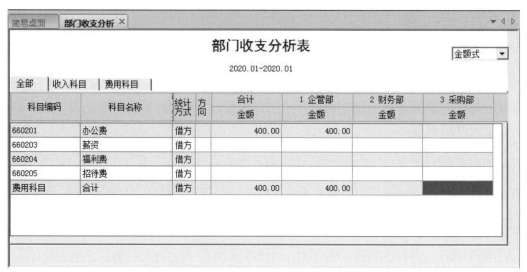

图 3-44 部门收支分析表

10. 账套备份(略)

全部完成后,将账套输出至"3-2 总账日常业务处理"文件夹中。

实验三 出纳管理

📢 实验准备

引入"3-2 总账日常业务处理"的账套备份,修改系统日期为"2020-01-31"。

📝 实验要求

以出纳"003 张平"的身份进入总账系统,查询日记账、资金日报表,进行支票登记簿管理、银行对账。

📚 实验资料

1. 支票登记簿

1 月 22 日,销售一部刘红领用转账支票(No.1888)支付广告费,限额 20 000 元。出纳登记支票登记簿。

2. 银行对账期初数据

企业日记账余额为 222 000 元，银行对账单期初余额为 220 000 元，有企业已收而银行未收的未达账(2019 年 12 月 20 日)2 000 元。

3. 2020 年 1 月的银行对账单(如表 3-7 所示)

表 3-7　2020 年 1 月的银行对账单

日　　期	结 算 方 式	票　　号	借 方 金 额	贷 方 金 额	余　　额
2020.01.08	现金支票	8356		10 000	210 000
2020.01.18	转账支票	8201		18 080	191 920
2020.01.22	转账支票	8231		452	191 468

4. 备份账套

实验指导

1. 查询现金日记账　(微课视频: WK030301)

操作步骤:

① 执行"出纳"|"现金日记账"命令，打开"现金日记账查询条件"对话框。

② 单击"确定"按钮，进入"现金日记账"窗口，如图 3-45 所示。

③ 单击"退出"按钮退出。

2020年		凭证号数	摘要	对方科目	借方	贷方	方向	余额
月	日							
			上年结转				借	8,000.00
01	08	付-0001	从工行提现金	100201	10,000.00		借	18,000.00
01	08		本日合计		10,000.00		借	18,000.00
01	15	收-0001	职工偿还借款	122101	3,000.00		借	21,000.00
01	15		本日合计		3,000.00		借	21,000.00
01			当前合计		13,000.00		借	21,000.00
01			当前累计		13,000.00		借	21,000.00
			结转下年				借	21,000.00

科目: 1001 库存现金　　月份: 2020.01-2020.01

现金日记账　金额式

图 3-45　现金日记账

提示:

- 只有在"会计科目"功能中使用"指定科目"功能指定"现金科目"及"银行科目",才能查询"现金日记账"及"银行存款日记账"。
- 既可以按日查询,也可以按月查询现金及银行存款日记账。
- 查询日记账时还可以查询包含未记账凭证的日记账。
- 在已打开的日记账窗口中还可以通过单击"过滤"按钮,输入过滤条件快速查询日记账的具体内容。
- 在已打开的日记账窗口中还可以通过单击"凭证"按钮,查询该条记录所对应的记账凭证。

2. 查询 1 月 8 日的资金日报表 (微课视频: WK030302)

操作步骤:

① 执行"出纳"|"资金日报"命令,打开"资金日报表查询条件"对话框。

② 选择日期"2020.01.08",单击"确定"按钮,进入"资金日报表"窗口,如图 3-46 所示。

③ 查询后,单击"退出"按钮退出。

科目编码	科目名称	币种	今日共借	今日共贷	方向	今日余额	借方笔数	贷方笔数
1001	库存现金		10,000.00		借	18,000.00	1	
1002	银行存款			10,000.00	借	212,000.00		1
合计			10,000.00	10,000.00	借	230,000.00	1	1

资金日报表

日期:2020.01.08

图 3-46 资金日报表

提示:

- 使用"资金日报"功能可以查询现金、银行存款科目某日的发生额及余额情况。
- 查询资金日报表时可以查询包含未记账凭证的资金日报表。
- 如果在"资金日报表查询条件"对话框中选中"有余额无发生额也显示"选项,则即使现金或银行科目在查询日没有发生业务,只有余额也显示。

3. 登记支票登记簿 *(微课视频：**WK030303**)*

操作步骤：

① 执行"出纳"|"支票登记簿"命令，打开"银行科目选择"对话框。

② 单击"确定"按钮，进入"支票登记簿"窗口。

③ 单击"增加"按钮，录入或选择领用日期"2020.01.22"、领用部门"销售一部"、领用人"刘红"、支票号"1888"、预计金额"20 000"及用途"广告费"，如图 3-47 所示。

图 3-47　支票登记簿

④ 单击"保存"按钮并退出。

> **提示：**
>
> - 只有在总账系统的"初始设置"选项中已选择"支票控制"，在"结算方式设置"中已设置"票据结算"标志，并在"会计科目"中已指定银行账的科目，才能使用支票登记簿。
> - 针对不同的银行账户分别登记支票登记簿。
> - 当支票登记簿中的报销日期为空时，表示该支票未报销，否则系统认为该支票已报销。
> - 当支票支出后，在填制凭证时输入该支票的结算方式和结算号，则系统会自动在支票登记簿中将该号支票写上报销日期，该支票即为已报销。
> - 单击"批删"按钮，输入需要删除已报销支票的起止日期，即可删除此期间的已报销支票。
> - 单击"过滤"按钮后，即可对支票按领用人或者部门进行各种统计。

4. 银行对账

(1) 录入银行对账期初 *(微课视频：**WK03030401**)*

操作步骤：

① 执行"出纳"|"银行对账"|"银行对账期初录入"命令，打开"银行科目选择"对话框。

② 选择"100201 工行人民币户"，单击"确定"按钮，进入"银行对账期初"窗口。

③ 在单位日记账的"调整前余额"栏录入"222 000"，在银行对账单的"调整前余额"栏录入"220 000"。

④ 单击"日记账期初未达项"按钮，进入"企业方期初"窗口。

⑤ 单击"增加"按钮，录入或选择凭证日期"2019-12-20"，在"借方金额"栏录入"2 000"。

⑥ 单击"保存"按钮，再单击"退出"按钮，返回"银行对账期初"窗口，如图 3-48 所示。

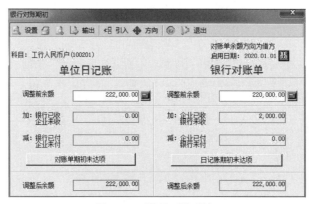

图 3-48 银行对账期初

⑦ 单击"退出"按钮退出。

提示：

- 在第一次使用银行对账功能时，应录入单位日记账及银行对账单的期初数据，包括期初余额及期初未达账项。
- 系统默认银行对账单余额方向为借方，即银行对账单中借方发生额为银行存款增加，贷方发生额为银行存款减少。通过"方向"按钮可以调整银行对账单的余额方向，如果把余额方向调整为贷方，则银行对账单中借方发生额为银行存款的减少，而贷方发生额为银行存款的增加。
- 系统会根据调整前余额及期初未达项自动计算出银行对账单与单位日记账的调整后余额。

(2) 录入银行对账单 **(微课视频：WK03030402)**

操作步骤：

① 执行"出纳"|"银行对账"|"银行对账单"命令，打开"银行

科目选择”对话框。

② 选择“100201 工行人民币户”，月份输入为“2020.01”—“2020.01”，单击“确定”按钮，进入“银行对账单”窗口。

③ 单击“增加”按钮，按表 3-7 内容录入银行对账单记录，如图 3-49 所示。

④ 单击“保存”按钮，再单击“退出”按钮退出。

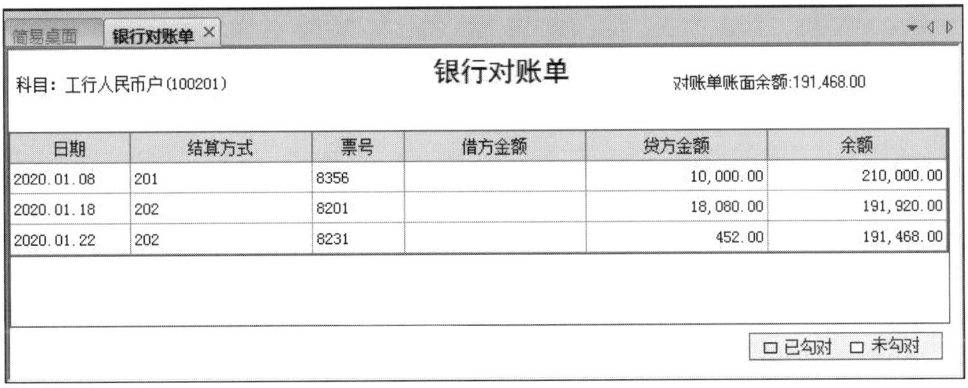

日期	结算方式	票号	借方金额	贷方金额	余额
2020.01.08	201	8356		10,000.00	210,000.00
2020.01.18	202	8201		18,080.00	191,920.00
2020.01.22	202	8231		452.00	191,468.00

科目：工行人民币户(100201)　　　银行对账单　　　对账单账面余额:191,468.00

□ 已勾对　□ 未勾对

图 3-49　银行对账单

提示：

- 如果企业在多家银行开户，对账单应与其对应账号所对应的银行存款下的末级科目一致。
- 录入银行对账单时，其余额由系统根据银行对账期初自动计算生成。

（3）银行对账　**(微课视频：WK03030403)**

操作步骤：

① 执行“出纳”|“银行对账”|“银行对账”命令，打开“银行科目选择”对话框。

② 月份输入为“2020.01”—“2020.01”，单击“确定”按钮，进入“银行对账”窗口。

③ 单击“对账”按钮，打开“自动对账”对话框，如图 3-50 所示。

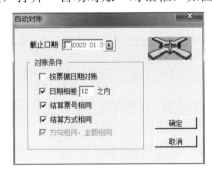

图 3-50　自动对账条件设置

④ 单击"确定"按钮,完成自动对账,如图 3-51 所示。

⑤ 单击"退出"按钮退出。

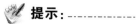

科目: 100201 (工行人民币户)													
单位日记账							**银行对账单**						
票据日期	结算方式	票号	方向	金额	两清	凭证号数	摘	日期	结算方式	票号	方向	金额	两清	对账
2020.01.08	201	8356	贷	10,000.00	○	付-0001	从工行	2020.01.08	201	8356	贷	10,000.00	○	2020
2020.01.17	202	8201	贷	18,080.00	○	付-0002	采购摆	2020.01.18	202	8201	贷	18,080.00	○	2020
2020.01.20	202	8231	贷	452.00	○	付-0003	购置办	2020.01.22	202	8231	贷	452.00	○	2020

图 3-51 自动对账

提示:

- 如果在银行对账期初中默认银行对账单方向为借方,则对账条件为方向相同、金额相同的日记账与对账单进行勾对。如果在银行对账期初中将银行对账单的余额方向修改成了贷方,则对账条件为方向相反、金额相同的日记账与对账单进行勾对。

- 银行对账包括自动对账和手工对账两种形式。自动对账是系统根据对账依据自动进行核对、勾销,自动对账两清的标志为"○"。手工对账是对自动对账的一种补充,手工对账两清的标志为"Y"。

- 系统默认的自动对账的对账条件为"日期相差 12 天""结算方式相同""结算票号相同",单击每一项对账条件前的复选框可以取消相应的对账条件,即在对账时不考虑相应的对账条件。

- 在自动对账后如果发现一些应勾对而未勾对上的账项,可以分别双击"两清"栏,直接进行手工调整。

- 如果在对账单中有两笔以上的记录同日记账对应,则所有对应的对账单都应标上"两清"标记。

- 如果想取消对账可以采用自动取消和手工取消两种方式。单击"取消"按钮可以自动取消所有的"两清"标记;如果手工取消,则双击要取消对账标志业务的"两清"栏,取消"两清"标记。

(4) 输出余额调节表

操作步骤:

① 执行"出纳"|"银行对账"|"余额调节表查询"命令,进入"银行存款余额调节表"窗口。

② 单击"查看"按钮,进入"银行存款余额调节表"窗口。

③ 单击"详细"按钮,进入"余额调节表(详细)"窗口。

④ 单击"退出"按钮退出。

提示：

- 银行存款余额调节表应显示账面余额平衡，如果不平衡应分别查看银行对账期初、银行对账单及银行对账是否正确。
- 在银行对账之后可以查询对账勾对情况，如果确认银行对账结果是正确的，可以使用"核销银行账"功能核销已达账。

5. 账套输出(略)

全部完成后，将账套输出至"3-3 出纳管理"文件夹中。

实验四　总账系统期末业务处理

实验准备

引入"3-3 出纳管理"账套备份数据，将系统日期修改为"2020 年 1 月 31 日"。

实验要求

1. 以"002 王东"的身份定义转账凭证，并生成凭证。
2. 以"001 周健"的身份进行凭证审核、记账、对账及结账操作。

实验资料

1. 定义转账分录

(1) 自定义结转
按短期借款期末余额的 0.2% 计提短期借款利息。
(2) 对应结转
将"应交税费——应交增值税——销项税额"转入"应交税费——未交增值税"。
(3) 期间损益结转
将本月"期间损益"转入"本年利润"。

2. 生成机制凭证

生成自定义结转凭证、对应结转凭证、期间损益结转凭证。

3. 对账

4. 结账

实验指导

1. 转账定义

(1) 设置自定义结转凭证 **(微课视频：WK03040101)**

操作步骤：

① 以"王东"的身份注册进入总账系统，执行"期末"|"转账定义"|"自定义转账"命令，进入"自定义转账设置"窗口。

② 单击"增加"按钮，打开"转账目录"对话框。

③ 输入转账序号"0001"，转账说明"计提短期借款利息"；选择凭证类别"转 转账凭证"，如图 3-52 所示。单击"确定"按钮，返回"自定义转账设置"窗口。

图 3-52　转账目录

④ 单击"增行"按钮，选择科目编码"6603"、方向"借"；双击"金额公式"栏，选择参照按钮，打开"公式向导"对话框。

⑤ 选择"期末余额"函数，如图 3-53 所示。单击"下一步"按钮，继续公式定义。

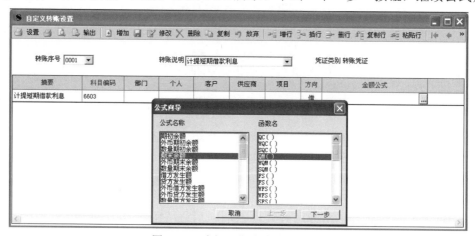

图 3-53　选择"期末余额"函数

⑥ 选择科目"2001"，其他采取系统默认，单击"完成"按钮，金额公式带回"自定义转账设置"界面。将光标移至末尾，输入"*0.002"，按 Enter 键确认。

⑦ 单击"增行"按钮，确定分录的贷方信息。选择科目编码"2231"、方向"贷"，输入金额公式"JG()"，如图 3-54 所示。

⑧ 单击"保存"按钮。

摘要	科目编码	部门	个人	客户	供应商	项目	方向	金额公式	
计提短期借款利息	6603						借	QM (2001,月)*0.002	
计提短期借款利息	2231						贷	JG ()	

图 3-54　自定义转账设置

(2) 设置对应结转凭证 **(微课视频．WK03040102)**

操作步骤：

① 执行"期末"|"转账定义"|"对应结转"命令，进入"对应结转设置"窗口。

② 录入编号"0002"，单击"凭证类别"栏的下三角按钮，选择"转 转账凭证"，输入摘要"结转销项税额"，在"转出科目"编码栏输入"22210105"或单击参照按钮选择"22210105 应交税费——应交增值税——销项税额"。

③ 单击"增行"按钮，在"转入科目编码"栏输入"222102"或单击参照按钮选择"222102 应交税费——未交增值税"；结转系数为"1"，如图 3-55 所示。

④ 单击"保存"按钮，再单击"退出"按钮退出。

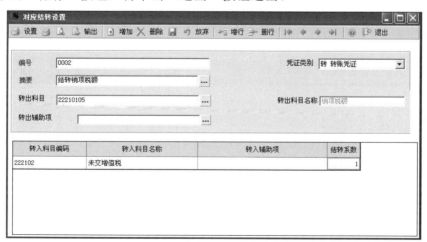

图 3-55　对应结转设置

✎ **提示**:--

- 对应结转不仅可以进行两个科目的一对一结转，还可以进行科目的一(一个转出科目)对多(多个转入科目)结转。
- 对应结转的科目可为上级科目，但其下级科目的科目结构必须一致(相同明细科目)，如果有辅助核算，则两个科目的辅助账类也必须一一对应。
- 对应结转只能结转期末余额。

----

(3) 设置期间损益结转凭证　**(微课视频: WK03040103)**

操作步骤:

① 执行"期末"|"转账定义"|"期间损益"命令，进入"期间损益结转设置"窗口。

② 单击"凭证类别"栏的下三角按钮，选择"转 转账凭证"，在"本年利润科目"栏录入"4103"或单击参照按钮选择"4103 本年利润"，如图3-56所示。

图 3-56　期间损益结转设置

③ 单击"确定"按钮。

✎ **提示**:--

损益科目结转表中的本年利润科目必须为末级科目，且为本年利润入账科目的下级科目。

----

2. 生成转账凭证

(1) 生成自定义结转凭证 **(微课视频: WK03040201)**

操作步骤:

① 执行"期末"|"转账生成"命令,打开"转账生成"对话框。

② 选中"自定义转账"单选按钮,单击"全选"按钮(或者选中要结转的凭证所在行),如图 3-57 所示。

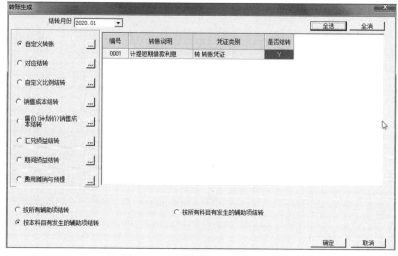

图 3-57 "转账生成"对话框

③ 单击"确定"按钮,生成计提短期借款利息的转账凭证。单击"保存"按钮,凭证上出现"已生成"标志,如图 3-58 所示。

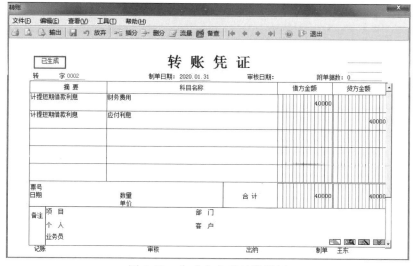

图 3-58 生成自定义转账凭证

④ 单击"退出"按钮，返回"转账生成"对话框。

⑤ 选中"对应结转"单选按钮，单击"全选"按钮，再单击"确定"按钮，系统弹出"2020.01 月或之前月有未记账凭证，是否继续结转？"信息提示。

⑥ 单击"是"按钮，生成对应结转凭证，保存后如图 3-59 所示。

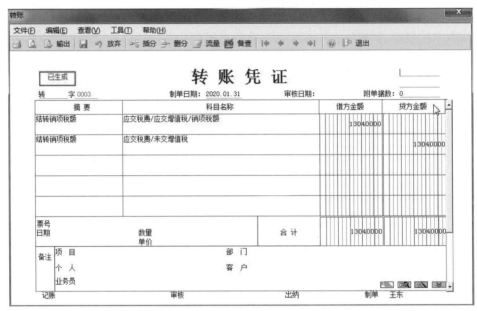

图 3-59 对应结转凭证

提示:

- 由于对应结转凭证和计提短期借款自定义转账凭证之间彼此独立，没有业务关联，因此系统提示本月还有未记账凭证时可以不予理会；如若两张凭证之间存在关联，需要先将第 1 张凭证审核记账，然后再生成第 2 张凭证。
- 在进行期间损益结转之前，需要将本月所有未记账凭证进行记账，以保证损益类科目的完整性。因此，由主管周健对以上 2 张未记账凭证进行审核、记账。

(2) 生成期间损益结转凭证 **(微课视频: WZ03040202.htm)**

操作步骤:

① 仍然由王东生成期间损益结转凭证。执行"期末"|"转账生成"命令，打开"转账生成"对话框。

② 选择"期间损益结转"单选按钮。单击"全选"按钮，再单击"确定"按钮，生成"期间损益结转"凭证，如图 3-60 所示。单击"保存"按钮，然后再单击"退出"按钮退出。

③ 主管周健对生成的期间损益结转凭证进行审核、记账。

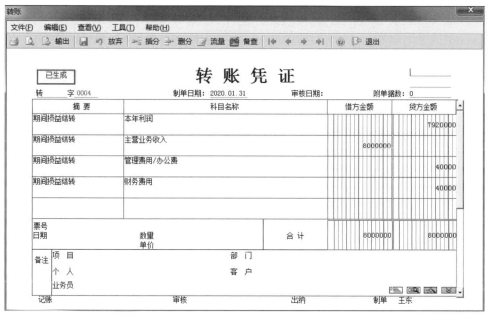

图 3-60　生成期间损益结转凭证

提示:

- 转账凭证生成的工作应在月末进行。如果有多种转账凭证形式，特别是涉及多项转账业务的，一定要注意转账的先后次序。
- 通过"转账生成"功能生成的转账凭证必须保存，否则将视同放弃。
- 期末自动转账处理工作是针对已记账业务进行的，因此，在进行月末转账工作之前应将所有未记账的凭证记账。

3. 对 2020 年 1 月份的会计账簿进行对账　*(微课视频：**WK030403**)*

操作步骤：

① 执行"期末"|"对账"命令，打开"对账"对话框。

② 单击"试算"按钮，出现"2020.01 试算平衡表"窗口。

③ 单击"确定"按钮，再单击"选择"按钮，在"2020.01 是否对账"栏出现"Y"标志；选中要对账的月份，再单击"对账"按钮，系统开始对账，并显示对账结果，如图 3-61 所示。

④ 单击"退出"按钮退出。

4. 对 2020 年 1 月份进行结账

操作步骤：

① 执行"期末"|"结账"命令，打开"结账"对话框。

图 3-61　对账

② 单击"下一步"按钮，打开"结账—核对账簿"对话框。

③ 单击"对账"按钮，系统进行对账。当对账完毕后，单击"下一步"按钮，打开"结账—月度工作报告"对话框，如图 3-62 所示。

图 3-62　结账—月度工作报告

④ 单击"下一步"按钮，再单击"结账"按钮，完成结账操作。

💡 **提示:**

● 结账后除查询外，不得再对本月业务进行任何操作。

● 如因某种原因需要取消本月结账，则需要账套主管在"结账"界面中按"Ctrl+Shift+F6"组合键激活"取消结账"功能；输入口令，即可取消结账标记。

5. 账套输出(略)

全部完成后，将账套输出至"3-4 总账期末业务处理"文件夹中。

探究与挑战

1. 假设企业属于旅游服务业，全年大概组织 40~50 个团次进行境内及境外旅游，企业希望按境内、境外及每个旅游团统计各旅游团的收入、支出及毛利，请你设计合理的解决方案并验证。

2. 企业期末常见的结转业务有哪些？其中哪些适合用 U8 中的自动转账定义？生成时是否有先后顺序，请归纳总结并验证。

第4章

UFO 报表系统

功能概述

UFO 报表系统是报表处理的工具，利用 UFO 报表系统既可以编制对外报表，又可以编制各种内部报表。它的主要任务是设计报表的格式和编制公式，从总账系统或其他业务系统中取得有关会计信息，自动生成各种会计报表，对报表进行审核、汇总，生成各种分析图，并按预定格式输出各种会计报表。具体包括以下内容。

- 文件管理：对报表文件的创建、读取和保存进行管理。能够进行不同文件格式的转换。支持多个窗口同时显示和处理，可以同时打开的文件和图形窗口多达 40 个。提供了标准财务数据的"导入"和"导出"功能，可以和其他流行财务软件交换数据。

- 格式设计：提供了丰富的报表格式设计功能，包括定义表尺寸、设置行高列宽、组合单元、画表格线，定义关键字、单元公式、审核公式、舍位平衡公式等。此外，对常用对外报表，还可以调用报表模板快速生成。

- 数据处理：包括表页管理、录入关键字、表页计算等功能。提供了排序、审核、舍位平衡及汇总功能。

- 图表功能：将数据表以图形的形式进行表示。采用图文混排，可以很方便地进行图形数据组织，制作包括直方图、立体图及折线图等 10 种图式的分析图表。可以编制图表的位置、大小及标题等，打印输出图表。

- 二次开发：提供批命令和自定义，自动记录命令窗口中输入的多个命令，可以将有规律性的操作过程编制成批命令文件，也可以在短时间内开发出本企业的专用系统。

实验目的与要求

系统地学习自定义报表和使用报表模板生成报表的方法。要求掌握报表格式设计和公式设置的方法，以及报表数据的计算方法；了解及查询有关的图表功能。

教学建议

  UFO 报表是 U8 财务管理系统中的基础内容，在实际工作中运用较为广泛，电子表功能较为全面，学习时要结合会计工作的实际，在掌握利用报表模板生成财务报表的基础上，能充分利用自定义报表的功能设计实际工作中所需要的不同报表。

  建议本章讲授 4 课时，上机练习 4 课时。

实验一　自定义报表

实验准备

  引入"3-4 总账期末业务处理"的账套备份数据，将系统日期修改为"2020 年 1 月 31 日"。

实验要求

  由"001 周健"注册进入企业应用平台，进入 UFO 报表系统自定义报表。

实验资料

1. 格式设计

设计"部门费用明细表"(如表 4-1 所示)，包括表样定义、关键字设置、单元公式设置。

表 4-1　部门费用明细表

部门费用明细表

2020 年 1 月　　　　　　　　　　金额单位：元

	薪资	福利费	办公费	差旅费	招待费	合计
企管部			※			※
财务部						
采购部						
销售部						
合计						

制表人：　　　　　　　　　　　　　　　审核人：

提示：

- 为简化编报工作，只需设置标注了"※"符号的单元格公式。
- 制表人每月不确定，于制表当月录入制表人姓名。

2. 数据处理

生成部门费用明细表。

3. 保存报表

实验指导

1. 启动 UFO 报表，新建报表　*(微课视频：**WK040101**)*

操作步骤：

① 以"001 周健"的身份进入企业应用平台，执行"财务会计"|"UFO 报表"命令，进入 UFO 报表管理系统。

② 执行"文件"|"新建"命令，建立一张空白报表，报表名默认为"report1"。查看空白报表底部左下角的"格式/数据"按钮，使当前状态为"格式"状态。

2. 报表格式设计

(1) 设置表尺寸　*(微课视频：**WK04010201**)*

操作步骤：

① 执行"格式"|"表尺寸"命令，打开"表尺寸"对话框。

② 输入行数"9"，列数"7"，如图 4-1 所示。单击"确认"按钮。

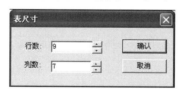

图 4-1　设置表尺寸

提示：

报表的行数应包括报表的表头、表体和表尾。

(2) 定义组合单元　*(微课视频：**WK04010202**)*

操作步骤：

① 单击行号 1，选中需合并的区域"A1:G1"。

② 执行"格式"|"组合单元"命令,打开"组合单元"对话框。

③ 选择组合方式为"整体组合"或"按行组合",该单元即合并成一个单元格。

(3) 画表格线 **(微课视频: WK04010203)**

操作步骤:

① 选中报表需要画线的区域"A3:G8"。

② 执行"格式"|"区域画线"命令,打开"区域画线"对话框。

③ 选中"网线"单选按钮,如图 4-2 所示,单击"确认"按钮,将所选区域画上表格线。

图 4-2　区域画线

(4) 输入报表项目 **(微课视频: WK04010204)**

操作步骤:

① 选中需要输入内容的单元或组合单元。

② 在该单元或组合单元中输入相关文字内容,如在 A1 组合单元中输入"部门费用明细表";在 G2 单元中输入"金额单位:元"。

提示:

- 报表项目指报表的文字内容,主要包括表头内容、表体项目、表尾项目等,不包括关键字。

- 日期一般不作为文字内容输入,而是需要设置为关键字。

(5) 定义报表行高和列宽 **(微课视频: WK04010205)**

操作步骤:

① 选中需要调整的单元所在行"A1"。

② 执行"格式"|"行高"命令，打开"行高"对话框。

③ 输入行高"9"，单击"确认"按钮。

④ 选中需要调整的单元所在列，执行"格式"|"列宽"命令，可设置该列的宽度。

 提示：

行高、列宽的单位均为毫米。

(6) 设置单元属性　(微课视频：WK04010206)

操作步骤：

① 选中标题所在组合单元"A1"。

② 执行"格式"|"单元属性"命令，打开"单元格属性"对话框。

③ 单击"字体图案"选项卡，设置字体为"黑体"，字号为"14"。

④ 单击"对齐"选项卡，设置对齐方式为"水平居中"，单击"确定"按钮。

⑤ 选中单元"B9"。

⑥ 执行"格式"|"单元属性"命令，打开"单元格属性"对话框。

⑦ 单击"单元类型"选项卡，在"单元类型"下拉列表框中选择"字符"选项，如图 4-3 所示，单击"确定"按钮。

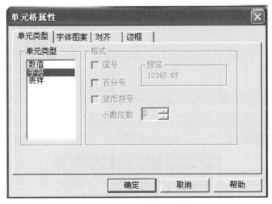

图 4-3　设置单元属性

 提示：

● 格式状态下输入内容的单元均默认为表样单元，未输入数据的单元均默认为数值单元，在数据状态下可输入数值。若希望在数据状态下输入字符，应将其定义为字符单元。

● 字符单元和数值单元输入后只对本表页有效，表样单元输入后对所有表页有效。

(7) 设置关键字　(微课视频：WK04010207)

操作步骤：

① 选中需要输入关键字的组合单元"D2"。

② 执行"数据"|"关键字"|"设置"命令,打开"设置关键字"对话框。

③ 选中"年"单选按钮,如图 4-4 所示,单击"确定"按钮。

④ 同理,在 D2 单元中设置"月"关键字。"年"关键字和"月"关键字重叠在一起。

图 4-4 设置关键字

提示:

- 每个报表可以同时定义多个关键字。

- 如果要取消关键字,需执行"数据"|"关键字"|"取消"命令。

(8) 调整关键字位置 **(微课视频: WK04010208)**

操作步骤:

① 执行"数据"|"关键字"|"偏移"命令,打开"定义关键字偏移"对话框。

② 在需要调整位置的关键字后面输入偏移量。输入"月"偏移量为"50",如图 4-5 所示。

③ 单击"确定"按钮。

图 4-5 定义关键字偏移

提示:

- 关键字的位置可以用偏移量来表示,负数值表示向左移,正数值表示向右移。在调整时,可以通过输入正或负的数值来调整。

- 关键字偏移量单位为像素。

(9) 报表公式定义

● **定义单元公式—从总账取数** *(微课视频：WK04010209)*

操作步骤：

① 选中需要定义公式的单元"D4"，即企管部"办公费"。

② 单击 fx 按钮或执行"数据"|"编辑公式"|"单元公式"命令，打开"定义公式"对话框。

③ 单击"函数向导"按钮，打开"函数向导"对话框。

④ 在"函数分类"列表框中选择"用友账务函数"，在右边的"函数名"列表中选择"发生(FS)"，单击"下一步"按钮，打开"用友账务函数"对话框。

⑤ 单击"参照"按钮，打开"账务函数"对话框。

⑥ 选择科目"660201"，部门编码"企管部"，其余各项均采用系统默认值，如图 4-6 所示。单击"确定"按钮，返回"用友账务函数"对话框。

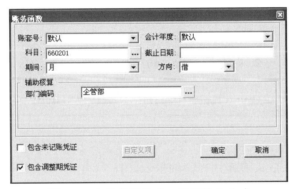

图 4-6　定义单元公式—引导输入公式

⑦ 单击"确定"按钮，返回"定义公式"对话框，单击"确认"按钮。

提示：

一般来说，账务函数中的账套号和会计年度不需要输入，保持系统默认。待输入关键字值时，系统会自动替换。

● **定义单元公式—统计函数** *(微课视频：WK04010210)*

操作步骤：

① 选中需要定义公式的单元"G4"。单击 fx 按钮，打开"定义公式"对话框。

② 单击"函数向导"按钮，打开"函数向导"对话框。

③ 在"函数分类"列表框中选择"统计函数"，在右边的"函数名"列表中选择"PTOTAL"，单击"下一步"按钮，打开"固定区统计函数"对话框。

④ 在"固定区区域"文本框中输入"b4:f4"，如图 4-7 所示。单击"确认"按钮返回"定义公式"对话框，再单击"确认"按钮，返回报表。

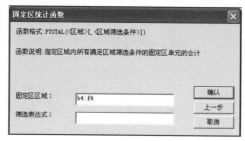

图 4-7　统计函数

3. 保存报表格式 (微课视频: WK040103)

操作步骤:

① 执行"文件"|"保存"命令。如果是第一次保存,则打开"另存为"对话框。

② 选择保存文件夹的目录,输入报表文件名"部门费用明细表";选择保存类型"*.REP",单击"另存为"按钮。

4. 报表数据处理 (微课视频: WK040104)

(1) 打开报表

操作步骤:

① 启动 UFO 系统,执行"文件"|"打开"命令。

② 选择存放报表格式的文件夹中的报表文件"部门费用明细表.REP",单击"打开"按钮。

③ 在空白报表左下角单击"格式/数据"按钮,使当前状态为"数据"状态。

提示:

报表数据处理必须在"数据"状态下进行。

(2) 输入关键字值

操作步骤:

① 执行"数据"|"关键字"|"录入"命令,打开"录入关键字"对话框。

② 输入年"2020",月"1",单击"确认"按钮,系统弹出提示"是否重算第 1 页?"。单击"是"按钮,系统会自动根据单元公式计算 1 月份数据,如图 4-8 所示;单击"否"按钮,系统不计算 1 月份数据,以后可利用"表页重算"功能生成 1 月份数据。

提示:

- 每一张表页均对应不同的关键字值,输出时随同单元一起显示。
- 日期关键字可以确认报表数据取数的时间范围,即确定数据生成的具体日期。

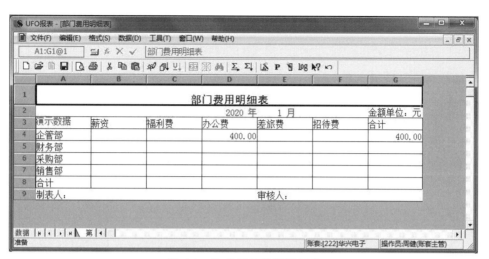

图 4-8 生成部门费用明细表

(3) 生成报表

操作步骤：

① 执行"数据"|"表页重算"命令，系统弹出提示"是否重算第 1 页？"。

② 单击"是"按钮，系统会自动在初始的账套和会计年度范围内根据单元公式计算生成数据。

实验二　利用报表模板生成报表

📢 实验准备

引入"3-4 总账期末业务处理"的账套备份数据，将系统日期修改为"2020 年 1 月 31 日"。

✒ 实验要求

以账套主管"001 周健"的身份进行报表编制。

📚 实验资料

1. 利用报表模板编制 2020 年 1 月的资产负债表、利润表。

2. 利用总账项目核算和报表模板编制现金流量表。

3. 现金流量表只需取 C8、C10、C13 中的数据。

实验指导

1. 编制资产负债表

(1) 调用资产负债表模板　**(微课视频：WK040201)**

操作步骤：

① 新建一张空白报表，在"格式"状态下，执行"格式"|"报表模板"命令，打开"报表模板"对话框。

② 选择您所在的行业为"2007年新会计制度科目"，财务报表为"资产负债表"，如图4-9所示。

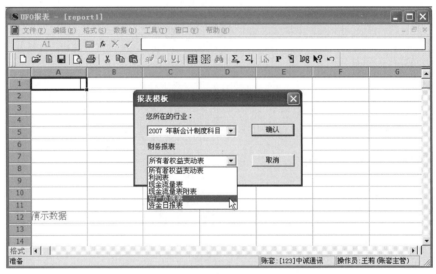

图 4-9　调用资产负债表模板

③ 单击"确认"按钮，弹出"模板格式将覆盖本表格式！是否继续？"信息提示。

④ 单击"确定"按钮，即可打开"资产负债表"模板。

(2) 调整报表模板

操作步骤：

① 单击"数据/格式"按钮，将"资产负债表"处于格式状态。

② 根据本单位的实际情况，调整报表格式，修改报表公式。

③ 保存调整后的报表模板。

(3) 生成资产负债表数据

操作步骤：

① 在数据状态下，执行"数据"|"关键字"|"录入"命令，打开"录入关键字"对话框。

② 输入关键字：年"2020"，月"01"，日"31"。

③ 单击"确认"按钮，弹出"是否重算第 1 页？"信息提示。

④ 单击"是"按钮，系统会自动根据单元公式计算 1 月份数据。

⑤ 单击工具栏中的"保存"按钮，将生成的报表数据保存，如图 4-10 所示。

资　产	行次	期末余额	年初余额	负债和所有者权益（或股东权益）	行次	期末余额	年初余额
							会企01表
编制单位：		2020 年　1 月　31 日		演示数据			单位:元
流动资产：				流动负债：			
货币资金	1	214,468.00	230,000.00	短期借款	32	200,000.00	200,000.00
交易性金融资产	2			交易性金融负债	33		
应收票据	3			应付票据	34		
应收账款	4	118,868.00	28,468.00	应付账款	35	71,538.00	71,538.00
预付款项	5	20,000.00	20,000.00	预收款项	36	30,000.00	30,000.00
应收利息	6			应付职工薪酬	37	220,000.00	220,000.00
应收股利	7			应交税费	38	89,948.00	81,680.00
其他应收款	8	3,000.00	6,000.00	应付利息	39	400.00	
存货	9	2,110,000.00	2,094,000.00	应付股利	40		
一年内到期的非流动资产	10			其他应付款	41		
其他流动资产	11			一年内到期的非流动负债	42		
流动资产合计	12	2,466,336.00	2,378,468.00	其他流动负债	43		
非流动资产：				流动负债合计	44	611,886.00	603,218.00
可供出售金融资产	13			非流动负债：			
持有至到期投资	14			长期借款	45	500000.00	500000.00
长期应收款	15			应付债券	46		

图 4-10　资产负债表

提示：

- 第一次调用报表模板生成资产负债表之后，需要检查资产负债表中每个项目是否取数正确，资产合计是否等于负债和所有者权益合计。

- 用同样的方法，生成 2020 年 1 月的利润表。

2. 利用总账项目核算和报表模板编制现金流量表

系统提供了两种生成现金流量表的方法：一是利用现金流量表模板；二是利用总账的项目管理功能和 UFO 报表。本例主要介绍第二种方法。

（1）指定现金流量科目　**（微课视频：WK04020201）**

操作步骤：

① 在企业应用平台的"基础设置"选项卡中，执行"基础档案"|"财务"|"会计科目"命令，进入"会计科目"窗口。

② 执行"编辑"|"指定科目"命令，打开"指定科目"对话框。

③ 指定现金流量科目，如图 4-11 所示。

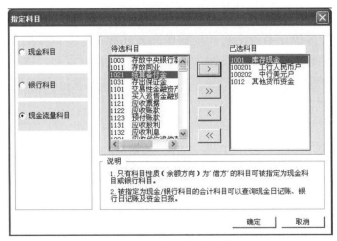

图 4-11　指定现金流量科目

(2) 查看现金流量项目目录　(微课视频：**WK04020202**)

操作步骤：

① 在企业应用平台的"基础设置"选项卡中，执行"基础档案"|
"财务"|"项目目录"命令，打开"项目档案"窗口。

② 系统已预置现金流量项目，选择"现金流量项目"项目大类，查看其项目目录，
如图 4-12 所示。

图 4-12　现金流量项目大类及项目目录

(3) 确认每一笔涉及现金流量的业务对应的现金流量项目　**(微课视
频：WK04020203)**

有两种方法可以确认每一笔涉及现金流量的业务对应的现金流量项
目。第一种是在填制凭证时，如果涉及现金流量科目可以在填制凭证界

面单击"流量"按钮，打开"现金流量表"对话框，指定发生的该笔现金流量的所属项目；第二种是凭证填制完成后再补充录入现金流量项目。本例为第二种。

操作步骤：

① 在总账系统中，执行"现金流量表"|"现金流量表凭证查询"命令，打开"现金流量凭证查询"对话框，单击"确定"按钮，进入"现金流量查询及修改"窗口。

② 左边窗口中显示全部的与现金流量有关的凭证。针对每一张现金流量凭证，单击"修改"按钮补充录入现金流量项目，如图 4-13 所示。

图 4-13　现金流量查询及修改

(4) 调用现金流量表模板　**(微课视频：WK04020204)**

操作步骤：

① 启动 UFO 报表，新建一张空白报表，在"格式"状态下，执行"格式"|"报表模板"命令，打开"报表模板"对话框。

② 选择您所在的行业"2007 年新会计制度科目"，财务报表为"现金流量表"。

③ 单击"确认"按钮，弹出"模板格式将覆盖本表格式！是否继续？"信息提示。

④ 单击"确定"按钮，即可打开"现金流量表"模板。

(5) 定义现金流量表项目公式　**(微课视频：WK04020205)**

操作步骤：

① 单击"数据/格式"按钮，将"现金流量表"处于格式状态。

② 单击选择 C8 单元格。单击 fx 按钮，打开"定义公式"对话框。单击"函数向导"按钮，打开"函数向导"对话框。

③ 在"函数分类"列表框中选择"用友账务函数"，在右边的"函数名"列表中选中"现金流量项目金额(XJLL)"，如图 4-14 所示。单击"下一步"按钮，打开"用友账务函数"对话框。

④ 单击"参照"按钮，打开"账务函数"对话框。

⑤ 单击"现金流量项目编码"右边的参照按钮，打开"现金流量项目"选项。

⑥ 双击选择与 C8 单元格左边相对应的项目，单击"确定"按钮，返回"账务函数"

对话框，如图 4-15 所示。

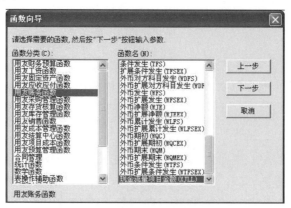

图 4-14　选择现金流量函数

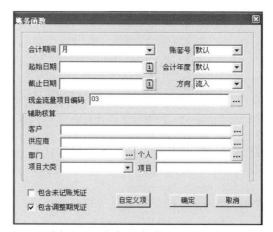

图 4-15　定义现金流量项目公式

⑦ 单击"确定"按钮，返回"定义公式"对话框，单击"确认"按钮。

⑧ 重复步骤③～⑦，输入 C10、C13 单元公式。

⑨ 单击工具栏中的"保存"按钮，保存调整后的报表模板。

✎ **提示：**--

在定义公式时，现金流量表的现金流出项目在图 4-15 中的"方向"列表框中，要选择"流出"选项，否则取不到数据。

----

(6) 生成现金流量表主表数据　(微课视频：WK04020206)

操作步骤：

① 在数据状态下，执行"数据"|"关键字"|"录入"命令。

② 录入关键字"2020"年"1"月，单击"确认"按钮，系统弹出"是否重算第 1 页？"信息提示。

③ 单击"是"按钮，系统会自动根据单元公式计算 1 月份数据。

④ 保存现金流量表，如图 4-16 所示。

	A	B	C	D
1	现金流量表			
2				会企03表
3	编制单位：		2020 年　　　1 月	单位：元
4	演示数据　　　项　　目	行次	本期金额	上期金额
5	一、经营活动产生的现金流量：			
6	销售商品、提供劳务收到的现金	1		
7	收到的税费返还	2		
8	收到其他与经营活动有关的现金	3	3000.00	
9	经营活动现金流入小计	4	3,000.00	
10	购买商品、接受劳务支付的现金	5	18080.00	
11	支付给职工以及为职工支付的现金	6		
12	支付的各项税费	7		
13	支付其他与经营活动有关的现金	8	452.00	
14	经营活动现金流出小计	9	18,532.00	
15	经营活动产生的现金流量净额	10	-15,532.00	
16	二、投资活动产生的现金流量：			
17	收回投资收到的现金	11		

图 4-16　现金流量表

探究与挑战

1. 如果企业需要统计本期每个产品的销售数量、收入、成本和毛利，请设计表格并完成统计。

2. 如果调用资产负债表模板生成的资产负债表的资产合计不等于负债和所有者权益合计，你会从哪几个方面查找原因？

第5章

薪资管理系统

功能概述

薪资管理系统的任务是以职工个人的薪资原始数据为基础，计算应发工资、扣款小计和实发工资等，编制工资结算单；按部门和人员类别进行汇总，进行个人所得税计算；提供多种方式的查询，打印薪资发放表、各种汇总表及个人工资条；进行工资费用分配与计提，并实现自动转账处理。薪资管理系统具体包括以下内容。

- 工资类别管理：薪资系统提供处理多个工资类别的功能。如果单位按周或按月多次发放薪资，或者是单位中有多种不同类别(部门)的人员，则薪资发放项目不同，计算公式也不同，但要进行统一薪资核算管理，就要选择多个工资类别。

- 人员档案管理：可以设置人员的基础信息并对人员变动进行调整，系统同时还提供了设置人员附加信息的功能。

- 薪资数据管理：根据不同企业的需要设计工资项目和计算公式；管理所有人员的工资数据，并对平时发生的工资变动进行调整；自动计算个人所得税，结合工资发放形式进行扣零处理或向代发的银行传输工资数据；自动计算、汇总工资数据；自动完成工资分摊、计提、转账业务。

- 账簿管理：提供按多种条件查询总账、日记账及明细账等，具有总账、明细账和凭证联查功能。

- 薪资报表管理：提供多层次、多角度的工资数据查询。

实验目的与要求

系统地学习薪资系统初始化、日常业务处理的主要内容和操作方法。要求掌握建立工资账套、建立工资类别、建立人员类别、设置工资项目和计算公式的方法；了解工资账套与企业账套的区别；掌握工资数据计算、个人所得税计算的方法；掌握工资分摊和生成转账凭证的方法；熟悉查询有关账表资料并进行统计分析的方法。

教学建议

在用友 U8 管理系统中，薪资管理已经不再属于财务管理中的组成部分，而是人力资源管理的一个子系统。学习时要了解薪资管理系统在人力资源管理系统中的地位，并且要理解薪资管理系统与总账系统的数据关系。

建议本章讲授 4 课时，上机练习 4 课时。

实验一　薪资管理系统初始化

实验准备

引入"3-1 总账初始化"账套数据，将系统日期更改为"2020-01-01"。

实验要求

以"001 周健"的身份注册进入企业应用平台，启用薪资管理和计件工资管理，启用日期为"2020-01-01"。

实验资料

1. 建立工资账套

工资类别为"多个"；工资核算本位币为"人民币"；核算计件工资；自动代扣个人所得税；不进行扣零设置。

2. 工资账套基础信息设置

(1) 人员附加信息
增加人员附加信息"性别"和"学历"。
(2) 工资项目(如表 5-1 所示)

表 5-1　工资项目

工资项目名称	类　　型	长　度	小　　数	增 减 项
基本工资	数字	8	2	增项
岗位工资	数字	8	2	增项

(续表)

工资项目名称	类　　型	长　　度	小　　数	增　减　项
职务补贴	数字	8	2	增项
交补	数字	8	2	增项
奖金	数字	8	2	增项
缺勤扣款	数字	8	2	减项
住房公积金	数字	8	2	减项
计税工资	数字	8	2	其他
缺勤天数	数字	8	2	其他

(3) 银行名称

银行编码：01001；银行名称为"中国工商银行花园路分理处"。个人账号规则：定长 11 位，录入时自动带出的账号长度为 8 位。

3. 在职人员工资类别资料

(1) 新建"在职人员"工资类别

部门选择"所有部门"。

(2) 在职人员档案(如表 5-2 所示)

表 5-2　在职人员档案

人员编号	人员姓名	性别	学历	所属部门	人员类别	银行代发账号
101	杨　文	男	大学	企管部(1)	企业管理人员	11022033001
201	周　健	男	研究生	财务部(2)	企业管理人员	11022033002
202	王　东	男	大学	财务部(2)	企业管理人员	11022033003
203	张　平	女	大学	财务部(2)	企业管理人员	11022033004
301	李　明	男	大学	采购部(3)	企业管理人员	11022033005
401	刘　红	女	高职	销售一部(401)	销售人员	11022033006
402	韩乐乐	男	大学	销售二部(402)	销售人员	11022033007
501	刘　伟	男	高职	生产部(5)	车间管理人员	11022033008
502	齐天宇	男	高中	生产部(5)	生产工人	11022033009

注：以上人员均不核算计件工资，代发银行均为中国工商银行花园路分理处。

(3) 工资项目

选择工资账套中的所有工资项目，并按照基本工资、岗位工资、职务补贴、交补、奖金、应发合计、住房公积金、代扣税、缺勤扣款、扣款合计、实发合计、计税工资、缺勤天数排序。

(4) 计算公式

缺勤扣款=基本工资/22*缺勤天数

住房公积金= (基本工资+岗位工资+职务补贴)*0.08

企业管理人员和销售人员的交补为 300 元，其他人员的交补为 100 元。

计税工资=基本工资+岗位工资+职务补贴+奖金+交补-缺勤扣款-住房公积金

(5) 个人所得税税率设置(如表 5-3 所示)

个税免征额即扣税基数为 5000 元。

表 5-3　2019 年开始实行的 7 级超额累进个人所得税税率表

级数	全年应纳税所得额	按月换算	税率(%)	速算扣除数
1	不超过 36 000 元	不超过 3000 元	3	0
2	超过 36 000 元至 144 000 元的部分	3000<X≤12 000	10	210
3	超过 144 000 元至 300 000 元的部分	12 000<X≤25 000	20	1410
4	超过 300 000 元至 420 000 元的部分	25 000<X≤35 000	25	2660
5	超过 420 000 元至 660 000 元的部分	35 000<X≤55 000	30	4410
6	超过 660 000 元至 960 000 元的部分	55 000<X≤80 000	35	7160
7	超过 960 000 元的部分	超过 80 000 元	45	15 160

(6) 输入正式职工工资基本数据

2020 年 1 月份在职人员工资基本情况，如表 5-4 所示。

表 5-4　2020 年 1 月份在职人员工资基本情况

人员编号	人员姓名	基本工资	岗位工资	职务补贴	奖金
101	杨　文	8000	2000	500	800
201	周　健	6500	2000	500	800
202	王　东	5000	1000	200	800
203	张　平	5000	1000	200	800
301	李　明	5500	1200	500	1000
401	刘　红	4800	1200	500	1000
402	韩乐乐	4800	1200	500	1000
501	刘　伟	5000	1000	500	1000
502	齐天宇	4500	1000	200	1000

4. 临时人员工资类别

(1) 新建"临时人员"工资类别

部门选择"生产部"。

(2) 临时人员档案(如表 5-5 所示)

表 5-5　临时人员档案

人员编号	人员姓名	性别	行政部门	雇佣状态	人员类别	核算计件工资	代发银行	银行代发账号
581	于秀芬	女	生产部	在职	生产工人		中国工商银行花园路分理处	11022038001
582	顾群	男	生产部	在职	生产工人	是		11022038002
583	张春旺	男	生产部	在职	生产工人			11022038003

(3) 工资项目

工资项目包括计件工资、应发合计、代扣税、扣款合计、实发合计。

(4) 计件要素

计件要素包括两道生产工序：01 组装；02 检验。

(5) 计件工价设置

组装：50，检验：20。

(6) 个人所得税税率同在职人员工资类别

收入额合计为"应发合计"。

实验指导

1. 建立工资账套　(微课视频：WK050101)

操作步骤：

① 在企业应用平台的"业务工作"选项卡中，执行"人力资源"|"薪资管理"命令，打开"建立工资套"对话框。

② 在建账第一步"参数设置"中，选择本账套所需处理的工资类别个数为"多个"，默认币别名称为"人民币"，选中"是否核算计件工资"复选框，如图 5-1 所示。

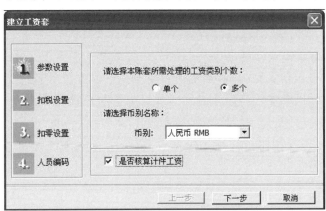

图 5-1　建立工资套—参数设置

提示：
- 本例中对在职人员和临时人员分别进行核算，所以工资类别应选择"多个"。
- 如果企业有按计件支付劳动报酬的情况，可以启用"计件工资"系统，然后在该界面中会出现"核算计件工资"复选框，若选中该项，系统在工资项目中自动增加"计件工资"项目。

③ 单击"下一步"按钮，打开"建立工资套—扣税设置"对话框。选中"是否从工资中代扣个人所得税"复选框，如图5-2所示。

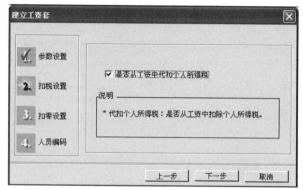

图5-2　建立工资套—扣税设置

 提示：

选择代扣个人所得税后，系统将自动生成工资项目"代扣税"，并在工资计算的同时自动进行代扣个人所得税的计算。

④ 单击"下一步"按钮，打开"建立工资套—扣零设置"对话框，不做选择。

 提示：

扣零处理是指每次发放工资时零头扣下，积累取整，于下次工资发放时补上。系统在计算工资时将依据扣零类型(扣零至元、扣零至角、扣零至分)进行扣零计算。因为目前企业大多采用银行代发方式，因此扣零功能失去了原来设计的意义。

⑤ 单击"下一步"按钮，打开"建立工资套—人员编码"对话框。系统要求和公共平台中的人员编码保持一致。

⑥ 单击"完成"按钮，完成工资账套的创建。

 提示：

建账完毕后，部分建账参数可以通过执行"设置"|"选项"命令进行修改。

2. 工资账套基础信息设置

(1) 人员附加信息设置　(微课视频：WK05010201)

操作步骤：

① 执行"设置" | "人员附加信息设置"命令，打开"人员附加信息设置"对话框。

② 单击"增加"按钮，单击"栏目参照"栏的下三角按钮，选择"性别"选项，单击"增加"按钮；同理，增加"学历"，如图 5-3 所示。

③ 单击"确定"按钮退出。

图 5-3　人员附加信息设置

提示：

● 如果工资管理系统提供的有关人员的基本信息不能满足实际需要，可以根据需要进行人员附加信息的设置。

● 已使用过的人员附加信息可以修改，但不能删除。

● 不能对人员的附加信息进行数据加工，如公式设置等。

(2) 工资项目设置　(微课视频：WK05010202)

操作步骤：

① 在薪资管理系统中，执行"设置" | "工资项目设置"命令，打开"工资项目设置"对话框。工资项目列表中显示了 14 个系统自动生成的工资项目，这些项目不能删除。

② 单击"增加"按钮，工资项目列表中增加一空行。

③ 从"名称参照"栏下拉列表中选择"基本工资"选项，默认其他项目。如果需要修改某栏目，只需要双击该栏目，按需要进行修改即可。

④ 单击"增加"按钮，增加其他工资项目。可以利用右侧的"上移""下移"按钮调整工资项目的位置。完成后的工资项目设置如图 5-4 所示。

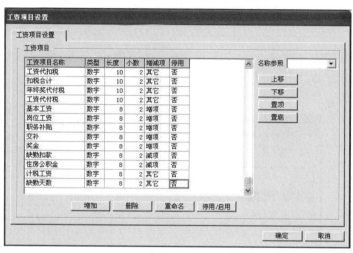

图 5-4   工资账套工资项目设置

⑤ 单击"确定"按钮，系统弹出提示"工资项目已经改变，请确认各工资类别的公式是否正确"，单击"确定"按钮。

提示：

- 系统提供若干常用工资项目供参考，可选择输入。对于参照中未提供的工资项目，可以通过双击"工资项目名称"栏直接输入，或先从"名称参照"栏中选择一个项目，然后单击"重命名"按钮将其修改为需要的项目。
- 在未进入任何一个工资类别时设置的工资项目，应包括本工资账套中所有工资类别要使用的工资项目。
- 系统提供的固定工资项目不能修改、删除。

(3) 银行设置   (微课视频：WK05010203)

操作步骤：

① 在企业应用平台的"基础设置"中，执行"基础档案"|"收付结算"|"银行档案"命令，打开"银行档案"对话框。

② 单击"增加"按钮，增加"01001 中国工商银行花园路分理处"，默认个人账号"定长"且账号长度为"11"、自动带出的个人账号长度为"8"，如图 5-5 所示。

③ 单击"保存"按钮退出。

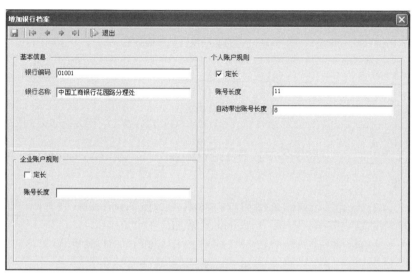

图 5-5　银行档案设置

提示：

- 系统预置了 16 个银行名称，如果不能满足需要可以在此基础上删除或增加新的银行名称。
- 可设置多个代发工资的银行以满足不同人员在不同地点代发工资的情况。

3. 在职人员工资类别初始化设置

(1) 建立"在职人员"工资类别　**(微课视频：WK05010301)**

操作步骤：

① 在薪资管理系统中，执行"工资类别"|"新建工资类别"命令，打开"新建工资类别"对话框。

② 在文本框中输入第一个工资类别"在职人员"，单击"下一步"按钮。

③ 单击"选定全部部门"按钮，如图 5-6 所示。

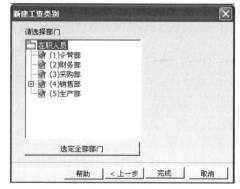

图 5-6　建立在职人员工资类别

④ 单击"完成"按钮，系统弹出提示"是否以 2020-01-01 为当前工资类别的启用日期？"，单击"是"按钮，返回薪资管理系统。

📝 **提示：**

新建工资类别之后自动进入新建的工资类别。

(2) 设置人员档案　**(微课视频：WK05010302)**

操作步骤：

① 执行"设置"|"人员档案"命令，进入"人员档案"窗口。

② 单击"批增"按钮，打开"人员批量增加"对话框。

③ 单击"查询"按钮，系统显示在企业应用平台中已经增加的人员档案，且默认是选中状态，如图 5-7 所示。单击"确定"按钮返回"人员档案"窗口。

图 5-7　人员批量增加

④ 单击"修改"按钮，打开"人员档案明细"对话框。在"基本信息"选项卡中，去掉"核算计件工资"选中标记，补充录入"银行名称"和"银行账号"信息，如图 5-8所示。

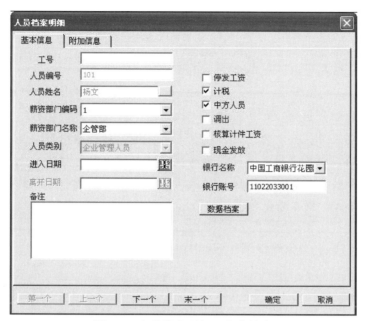

图 5-8　人员档案明细—基本信息

⑤ 单击打开"附加信息"选项卡，录入"性别""学历"信息，如图 5-9 所示。

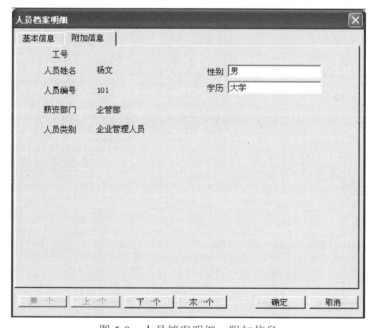

图 5-9　人员档案明细—附加信息

⑥ 单击"确定"按钮，系统弹出"写入该人员档案信息吗"信息提示，单击"确定"按钮。同理，继续修改其他人员信息。

提示：

● 如果账号长度不符合要求则不能保存。

● 在增加人员档案时，"停发""调出"和"数据档案"不可选，在修改状态下才能编辑。

● 在"人员档案明细"对话框中，可以单击"数据档案"按钮，录入薪资数据。如果个别人员档案需要修改，在"人员档案"对话框中可以直接修改。如果一批人员的某个薪资项目同时需要修改，可以利用数据替换功能，将符合条件人员的某个薪资项目的内容统一替换为某个数据。若进行替换的薪资项目已设置了计算公式，则在重新计算时以计算公式为准。

(3) 选择工资项目　**(微课视频：WK05010303)**

操作步骤：

① 执行"设置"|"工资项目设置"命令，打开"工资项目设置"对话框。

② 在"工资项目设置"选项卡中，单击"增加"按钮，"工资项目"列表中增加了一空行。

③ 从"名称参照"栏下拉列表中选择"基本工资"选项，工资项目名称、类型、长度、小数、增减项都自动带出，不能修改。

④ 单击"增加"按钮，增加其他工资项目。

⑤ 所有项目增加完成后，利用"工资项目设置"对话框中的"上移"和"下移"按钮，可按照实验资料所给顺序调整工资项目的排列位置，完成后如图 5-10 所示。

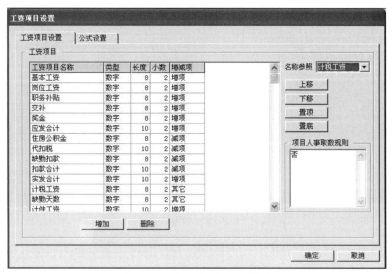

图 5-10　在职人员工资项目

提示：

- 工资项目不能重复选择。没有设置的工资项目不允许在计算公式中出现。
- 不能删除已输入数据的工资项目和已设置计算公式的工资项目。
- 如果计税工资既不是应发合计也不是实发合计，那么需要在工资项目中增加"计税工资"工资项目，并设置该工资项目的计算公式，在"扣税设置"中设置扣税项目为"计税工资"。
- 在未打开任何工资账套前可以设置所有的工资项目；当打开某一工资账套后可以根据本工资账套的需要对已经设置的工资项目进行选择，并将工资项目移动到合适的位置。
- 如果所需要的工资项目不存在，则要关闭本工资类别，然后新增工资项目，再打开此工资类别进行选择。

(4) 设置计算公式

- 设置公式"缺勤扣款=基本工资/22*缺勤天数" **(微课视频：WK0501030401)**

操作步骤：

① 在"工资项目设置"对话框中，单击打开"公式设置"选项卡。

② 单击"增加"按钮，在工资项目列表中增加一空行，从下拉列表中选择"缺勤扣款"。

③ 单击"缺勤扣款公式定义"文本框，选择"工资项目"列表中的"基本工资"，"基本工资"出现在"缺勤扣款公式定义"文本框中。

④ 单击选中"运算符"区域中的"/"，在"缺勤扣款公式定义"区域中继续录入"22"，单击选中"运算符"区域中的"*"，再单击选中"工资项目"列表中的"缺勤天数"，如图 5-11 所示。单击"公式确认"按钮。

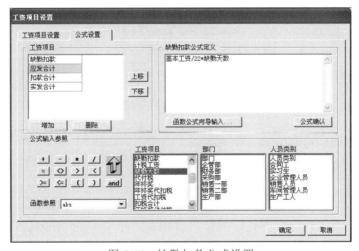

图 5-11　缺勤扣款公式设置

⑤ 以此方法设置"住房公积金"的计算公式。

● 设置公式"交补= iff(人员类别="企业管理人员" or 人员类别="销售人员", 300, 100)" **(微课视频：WK0501030402)**

操作步骤：

① 单击"增加"按钮，在"工资项目"列表中增加一空行，从下拉列表中选择"交补"。

② 单击"公式定义"文本框，单击"函数公式向导输入"按钮，打开"函数向导——步骤之 1"对话框。

③ 从"函数名"列表中选择"iff"，如图 5-12 所示。单击"下一步"按钮，打开"函数向导——步骤之 2"对话框。

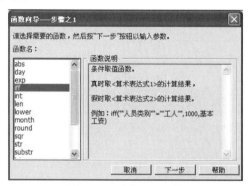

图 5-12 选择 iff 函数

④ 单击"逻辑表达式"后的"参照"按钮，打开"参照"对话框，在"参照列表"的下拉列表中选择"人员类别"选项，然后从下面的列表中选择"企业管理人员"，如图 5-13 所示，单击"确定"按钮。

图 5-13 选择人员类别

⑤ 在"逻辑表达式"文本框中的公式后输入"or"，注意前后必须空格。再次单击"逻辑表达式"后的"参照"按钮，出现"参照"对话框，在"参照列表"的下拉列表中

选择"人员类别"选项，再从下面的列表中选择"销售人员"，单击"确定"按钮，返回"函数向导——步骤之 2"对话框。

⑥ 在"算术表达式 1"后的文本框中输入"300"，在"算术表达式 2"后的文本框中输入"100"，如图 5-14 所示。单击"完成"按钮，返回"公式设置"窗口，单击"公式确认"按钮。

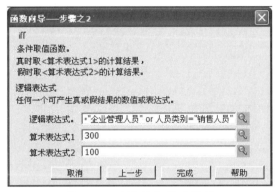

图 5-14　"交补"公式设置

⑦ 设置计税工资的计算公式。设置完成后，单击"确定"按钮，退出公式设置。

⑧ 利用"上移""下移"按钮，调整计算公式的顺序，将计税工资调整到缺勤扣款、交补和住房公积金之后。

提示：

计算公式是有先后顺序的。本例中的计税工资中包含缺勤扣款、交补、住房公积金，因此，计税工资的计算应该置于最后完成。

(5) 设置所得税税率　**（微课视频：WK05010305）**

操作步骤：

① 执行"设置"|"选项"命令，打开"选项"对话框。

② 单击"编辑"按钮，在"扣税设置"选项卡中，单击"实发合计"下拉列表框，从中选择"计税工资"，如图 5-15 所示。

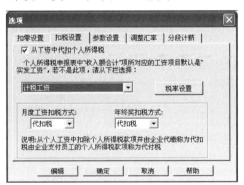

图 5-15　选项—扣税设置

③ 单击"税率设置"按钮，打开"个人所得税申报表——税率表"对话框，如图 5-16 所示。

④ 修改个人所得税纳税基数为"5000"，附加费用为"0"。修改各级次应纳税所得额上限、税率和速算扣除数，如图 5-16 所示。

⑤ 单击"确定"按钮返回。

图 5-16　个人所得税税率表

(6) 输入在职人员工资基本数据 **（微课视频：WK05010306）**

操作步骤：

① 执行"业务处理"|"工资变动"命令，进入"工资变动"窗口。

② 在"过滤器"下拉列表中选择"过滤设置"，打开"项目过滤"对话框。

③ 选择"工资项目"列表中的"基本工资"，单击 按钮；同样再选择"岗位工资""职务补贴"和"奖金"，如图 5-17 所示。

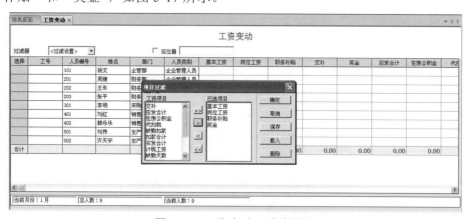

图 5-17　工资变动—过滤设置

④ 单击"确定"按钮，返回"工资变动"窗口，此时每个人的工资项目只显示基本工资、岗位工资、职务补贴和奖金几项。

⑤ 按实验资料输入"在职人员"工资类别的工资数据。在"过滤器"下拉列表中选择"所有项目"，屏幕上显示所有工资项目。

⑥ 单击"关闭"按钮退出，系统提示"数据发生变动后请进行工资计算和汇总，否则工资数据可能不正确！是否进行工资计算和汇总？"，单击"否"按钮退出。

(7) 关闭工资类别

执行"工资类别"|"关闭工资类别"命令，关闭"在职人员"工资类别。

提示:

- 个人所得税扣缴应在"工资变动"后进行，但是如果目前个人所得税的计提基数与系统中预置的不同，则应先核对个人所得税计提基数后再进行工资变动处理。如果先进行工资变动处理再修改个人所得税的计提基数，则应该在修改个人所得税的计提基数后再进行一次工资变动处理，否则工资数据将不正确。
- 系统默认以"实发合计"作为扣税基数。如果想以其他工资项目作为扣税标准，则需要在定义工资项目时单独为应扣税所得设置一个工资项目。
- 在"工资变动"中，系统默认以"实发合计"作为扣税基数，所以在执行完个人所得税计算后，需要到"工资变动"中执行"计算"和"汇总"功能，以保证"代扣税"工资项目正确地反映单位实际代扣个人所得税的金额。

4. 临时人员工资类别初始化设置

(1) 建立"临时人员"工资类别　**(微课视频: WK05010401)**

操作步骤:

① 执行"工资类别"|"新建工资类别"命令，打开"新建工资类别"对话框。

② 在文本框中输入第二个工资类别"临时人员"，单击"下一步"按钮。

③ 选择"生产部"。

④ 单击"完成"按钮，系统弹出提示"是否以 2020-01-01 为当前工资类别的启用日期？"，单击"是"按钮，返回薪资管理系统。

(2) 建立临时人员档案　**(微课视频: WK05010402)**

操作步骤:

① 执行"企业应用平台—基础档案"|"机构人员"|"人员档案"命令，按实验资料增加临时人员档案。

② 在薪资管理系统中，执行"工资类别"|"打开工资类别"命令，打开"临时人员"工资类别。

③ 在临时人员工资类别中执行"设置"|"人员档案"命令，单击"批增"按钮，打开"人员批量增加"对话框。

④ 选中左边窗口中的"生产部"，单击"查询"按钮，右侧窗口中显示了生产部中的所有人员，且默认为选中状态。去掉非临时人员的选中标记，单击"确定"按钮返回。

补充临时人员代发银行和银行账号等必要信息。

 提示: --

临时人员核算计件工资。

----

(3) 工资项目设置 **(微课视频: WK05010403)**

操作步骤:

① 在薪资管理系统中,执行"设置" | "工资项目设置"命令,打开"工资项目设置"对话框。

② 利用"上移""下移"按钮,按"计件工资、应发合计、代扣税、扣款合计、实发合计"重新排列工资项目。

③ 单击"确定"按钮返回。

(4) 计件要素设置 **(微课视频: WK05010404)**

操作步骤:

① 在计件工资中,执行"设置" | "计件要素设置"命令,打开"计件要素设置"对话框。

② 查看是否包括"工序"计件要素,且为"启用"状态,如图 5-18 所示。

名称	类型	数据类型	长度	小数位数	参照对象	启用	关联项目
产品	标准	参照型	20	0	产品档案	是	
工序	标准	参照型	12	0	工序档案	是	
设备	标准	参照型	30	0	设备档案	否	
生产订单号	标准	字符型	30	0		否	
生产订单行号	标准	整型	9	0		否	
工序行号	标准	整型	9	0		否	
工价	单价	数值型	12	4		是	
废扣工价	单价	数值型	12	4		是	
合格数量	数量	数值型	12	2		是	
废品数	数量	数值型	12	2		是	
备注	参考	字符型	500	0		否	

图 5-18 计件要素设置

(5) 工序设置 **(微课视频: WK05010405)**

操作步骤:

① 在企业应用平台的"基础档案"设置中,执行"生产制造" | "标准工序资料维护"命令,进入"标准工序资料维护"窗口。

② 单击"增加"按钮,增加"01 组装"和"02 检验"两种工序,如图 5-19 所示。

图 5-19 标准工序资料维护

(6) 计件工价设置

操作步骤：

① 在计件工资中，执行"设置"|"计件工价设置"命令，进入"计件工价设置"窗口。

② 单击"增加"按钮，按实验资料输入计件工价，如图 5-20 所示。

③ 单击"保存"按钮。

图 5-20 计件工价设置

(7) 计税基数设置

在"薪资管理"中，执行"设置"|"选项"命令，打开"选项"对话框。单击"编辑"按钮，在"扣税设置"选项卡中选择个人所得税中报表中收入额合计对应的工资项目为"应发合计"。

5. 账套备份(略)

以上内容全部完成后，将账套输出至"5-1 薪资管理初始化"文件夹中。

实验二 薪资管理日常业务处理

🔊 实验准备

引入"5-1 薪资管理初始化"账套，将系统日期修改为"2020 年 1 月 31 日"。

🎬 实验要求

以账套主管"001 周健"的身份注册进入薪资管理系统，分别对在职人员和临时人员进行薪资核算与管理，包括录入并计算 1 月份的薪资数据、扣缴所得税、银行代发工资、工资分摊并生成转账凭证。月末汇总工资类别并进行月末处理。

📚 实验资料

1. 在职人员薪资计算相关资料

(1) 1 月份考勤统计

王东缺勤 3 天；齐天宇缺勤 2 天。

(2) 特殊激励

因去年销售部推广产品业绩较好，每人增加奖金 1000 元。

(3) 工资计算与汇总

(4) 查看个人所得税扣缴申报表

(5) 工资分摊及费用计提

应付工资总额等于工资项目"应发合计"，企业为职工缴纳的住房公积金按应付工资总额的 10%计提。

工资费用分配的转账分录如表 5-6 所示。

表 5-6 工资费用分配的转账分录

工资分摊 部门		应付工资		住房公积金(10%)	
		借方	贷方	借方	贷方
企管部、财务部、采购部	企业管理人员	660203	221101	660203	221104
销售一部、销售二部	销售人员	6601	221101	6601	221104
生产部	车间管理人员	510101	221101	510101	221104
	生产工人	500102	221101	500102	221104

2. 临时人员薪资相关情况

(1) 1 月份临时人员计件工资(如表 5-7 所示)

表 5-7　1 月份临时人员计件工资

姓　　名	计 件 日 期	工　　序	工　　时
于秀芬	2020-01-31	组装	80
顾　群	2020-01-31	组装	110
张春旺	2020-01-31	检验	300

(2) 进行工资变动和代扣个人所得税处理

3. 工资类别汇总

对在职人员和临时人员两个工资类别进行工资类别汇总。

4. 月末处理

5. 账表查询

(1) 查看工资发放条、部门工资汇总表
(2) 按部门进行工资项目构成分析
(3) 查询 1 月份工资核算的记账凭证

6. 账套备份

实验指导

1. 在职人员工资处理

(1) 输入工资变动数据

● 输入本月考勤情况　**(微课视频：WK0502010101)**

操作步骤:

① 在薪资管理系统中，执行"工资类别"|"打开工资类别"命令，打开在职人员工资类别。

② 执行"业务处理"|"工资变动"命令，进入"工资变动"窗口。

③ 输入本月缺勤天数：王东缺勤 3 天，齐天宇缺勤 2 天。

● 特殊激励处理　**(微课视频：WK0502010102)**

操作步骤:

① 在"工资变动"窗口中，单击"全选"按钮，人员前面的"选择"栏出现选中标记"Y"。

② 单击"替换"按钮，打开"工资项数据替换"对话框，在"将工资项目"下拉列表中选择"奖金"，在"替换成"文本框中输入"奖金+1000"。在替换条件处分别选

择"部门""="销售部",如图 5-21 所示。

图 5-21 数据替换

③ 单击"确定"按钮,系统弹出"数据替换后将不可恢复。是否继续?"信息提示。

④ 单击"是"按钮,系统弹出提示信息"2 条记录被替换,是否重新计算?",单击"是"按钮,系统自动完成工资计算。

(2) 工资计算与汇总 **(微课视频:WK05020102)**

操作步骤:

① 在"工资变动"窗口的工具栏中单击"计算"按钮,计算工资数据。

② 单击"汇总"按钮,汇总工资数据。退出"工资变动"窗口。

(3) 查看个人所得税扣缴申报表 **(微课视频:WK05020103)**

操作步骤:

① 在薪资管理系统中,执行"业务处理"|"扣缴所得税"命令,打开"个人所得税申报模板"对话框。

② 选择"北京"地区的"扣缴个人所得税报表",单击"打开"按钮,打开"所得税申报"对话框。单击"确定"按钮,进入"北京扣缴个人所得税报表"窗口,如图 5-22 所示。

北京扣缴个人所得税报表
2020年1月－2020年1月

总人数:9

序号	纳税人姓名	身份证照…	身份证照…	国家与地区	职业编码	所得项目	所得期间	收入额	免税收入额	允许扣除…	费用扣除…	准予扣除…	应纳税所…	税率	应扣税额	已扣税额	备注
1	杨文	身份证				工资	1	11600.00			5000.00		5760.00	10	366.00	366.00	
2	周健	身份证				工资	1	10100.00			5000.00		4380.00	10	228.00	228.00	
3	王东	身份证				工资	1	7300.00			5000.00		1122.18	3	33.67	33.67	
4	张平	身份证				工资	1	7300.00			5000.00		1804.00	3	54.12	54.12	
5	李明	身份证				工资	1	8500.00			5000.00		2924.00	3	87.72	87.72	
6	刘红	身份证				工资	1	8800.00			5000.00		3280.00	10	118.00	118.00	
7	韩乐乐	身份证				工资	1	8800.00			5000.00		3280.00	10	118.00	118.00	
8	刘伟	身份证				工资	1	7600.00			5000.00		2080.00	3	62.40	62.40	
9	齐天宇	身份证				工资	1	6800.00			5000.00		934.91	3	28.05	28.05	
合计								76800.00			45000.00		25565.09		1095.96	1095.96	

图 5-22 北京扣缴个人所得税报表

③ 查看完毕后退出。

(4) 工资分摊及费用计提

● 工资分摊类型设置　(微课视频：WK0502010401)

操作步骤：

① 在薪资管理系统中，执行"业务处理"|"工资分摊"命令，打开"工资分摊"对话框。

② 单击"工资分摊设置"按钮，打开"分摊类型设置"对话框。

③ 单击"增加"按钮，打开"分摊计提比例设置"对话框。

④ 输入计提类型名称为"应付工资"，如图 5-23 所示。

图 5-23　工资分摊设置

⑤ 单击"下一步"按钮，打开"分摊构成设置"对话框。按实验资料内容进行设置，设置完成后如图 5-24 所示。单击"完成"按钮，返回"分摊类型设置"对话框。

部门名称	人员类别	工资项目	借方科目	借方项目大类	借方项目	贷方科目	贷方项目大类
企管部,财务部,采购部	企业管理人员	应发合计	660203			221101	
销售一部,销售二部	销售人员	应发合计	6601			221101	
生产部	车间管理人员	应发合计	510101			221101	
生产部	生产工人	应发合计	500102			221101	

图 5-24　分摊构成设置

⑥ 继续设置住房公积金分摊计提项目。

● 工资分摊　(微课视频：WK0502010402)

操作步骤：

① 在薪资管理系统中，执行"业务处理"|"工资分摊"命令，打开"工资分摊"对话框。

② 选择需要分摊的计提费用类型，确定分摊计提的月份为"2020-1"。

③ 选择核算部门"企管部、财务部、采购部、销售部、生产部"。

④ 选中"明细到工资项目"复选框，如图 5-25 所示。

图 5-25 进行工资分摊

⑤ 单击"确定"按钮,打开"应付工资一览表"对话框。

⑥ 选中"合并科目相同、辅助项相同的分录"复选框,如图 5-26 所示,单击"制单"按钮。

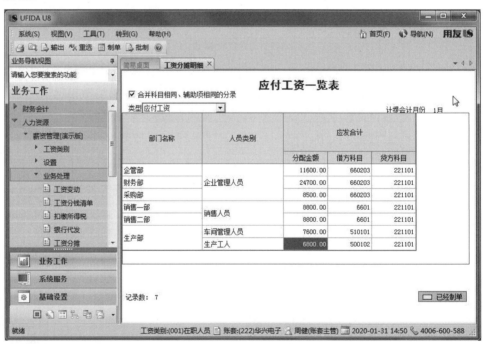

图 5-26 应付工资一览表

⑦ 单击凭证左上角的"字"处,选择"转账凭证",输入附单据数,单击"保存"按钮,凭证左上角出现"已生成"标志,代表该凭证已传递到总账,如图 5-27 所示。

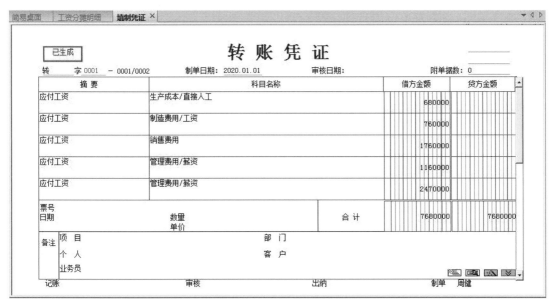

图 5-27　工资分摊生成凭证

提示：

在薪资系统中生成的凭证可以进行查询、删除、冲销等操作。传递到总账后需要在总账中进行审核、记账。

⑧ 从"应付工资一览表"窗口的"类型"下拉列表中选择"住房公积金"，生成住房公积金凭证。

2. 临时人员工资处理

(1) 计件工资统计

操作步骤：

① 在计件工资中，执行"个人计件"|"计件工资录入"命令，进入"计件工资录入"窗口。

② 选择工资类别为"临时人员"，部门为"生产部"，单击"批增"按钮，进入"计件数据录入"窗口。

③ 选择姓名为"于秀芬"，选择计件日期为"2020-01-31"；单击"增行"按钮，在数量栏输入组装工时"80"，如图 5-28 所示。

④ 单击"计算"按钮，计算计件工资，单击"确定"按钮返回。继续输入"顾群"和"张春旺"的计件工资数据。

⑤ 全部输入完成后，单击"全选"按钮，再单击"审核"按钮，对录入的计件工资数据进行审核。

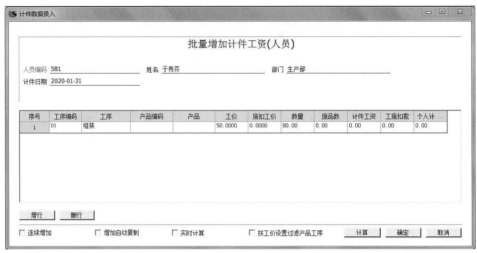

图 5-28　计件数据录入

(2) 计件工资汇总处理 **(微课视频：WK05020202)**

在计件工资中，执行"计件工资汇总"命令，选择工资类别为"临时人员"，部门为"生产部"，单击"汇总"按钮进行计件工资汇总处理，如图 5-29 所示。

图 5-29　计件工资汇总

(3) 工资变动处理 **(微课视频：WK05020203)**

操作步骤：

① 在薪资管理系统中，执行"工资类别"|"打开工资类别"命令，打开临时人员工资类别。

② 执行"业务处理"|"工资变动"命令，对临时人员进行工资计算、汇总。

3. 汇总工资类别 (微课视频：WK050203)

操作步骤：

① 在薪资管理系统中，执行"工资类别"|"关闭工资类别"命令。

② 执行"维护"|"工资类别汇总"命令，打开"工资类别汇总"对话框。

③ 选择要汇总的工资类别，如图 5-30 所示，单击"确定"按钮，完成工资类别汇总。

图 5-30 工资类别汇总

④ 执行"工资类别"|"打开工资类别"命令,打开"打开工资类别"对话框。

⑤ 选择"998 汇总工资类别",单击"确定"按钮,查看工资类别汇总后的各项数据。

![提示图标] **提示:** -----------------------------------

- 该功能必须在关闭所有工资类别时才可用。
- 所选工资类别中必须有汇总月份的工资数据。
- 如为第一次进行工资类别汇总,需在汇总工资类别中设置工资项目计算公式。如果每次汇总的工资类别一致,则公式无须重新设置。如果与上一次汇总所选择的工资类别不一致,则需重新设置计算公式。
- 汇总工资类别不能进行月末结算和年末结算。

----

4. 月末处理 (微课视频: WK050204)

操作步骤:

① 打开"在职人员"工资类别,执行"业务处理"|"月末处理"命令,打开"月末处理"对话框,如图 5-31 所示。

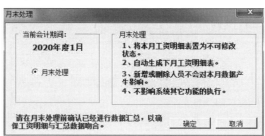

图 5-31 月末处理

② 单击"确定"按钮,系统弹出信息提示"月末处理之后,本月工资将不许变动,继续月末处理吗?",单击"是"按钮。系统弹出信息提示"是否选择清零项?",单击"是"按钮,打开"选择清零项目"对话框。

③ 在"请选择清零项目"列表中,选择"缺勤天数",单击">"按钮,将所选项目移动到右侧的列表框中,如图 5-32 所示。

图 5-32　选择清零项目

④ 单击"确定"按钮，系统弹出信息提示"月末处理完毕!"，单击"确定"按钮返回。

⑤ 用同样的方法完成"临时人员"工资类别的月末处理。

提示：

- 月末结转只能在会计年度的 1～11 月进行。
- 若为处理多个工资类别，则应打开工资类别，分别进行月末结算。
- 若本月工资数据未汇总，则系统将不允许进行月末结转。
- 进行期末处理后，当月数据将不再允许变动。
- 月末处理功能只有主管人员才能执行。

5. 在职人员工资类别账表查询

(1) 查看工资发放条　(微课视频：WK05020501)

操作步骤：

① 打开"在职人员"工资类别，执行"统计分析"|"账表"|"工资表"命令，打开"工资表"对话框。

② 单击选中"工资发放条"，如图 5-33 所示。

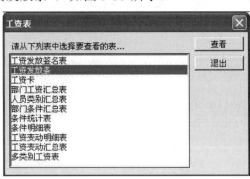

图 5-33　选中"工资发放条"

③ 单击"查看"按钮，打开"工资发放条"对话框。

④ 单击选中各个部门，并单击选中"选定下级部门"前的复选框。

⑤ 单击"确定"按钮，进入"工资发放条"窗口，如图 5-34 所示。

工资发放条
2020 年 01 月

部门 全部　　　会计月份 一月　　　　　　　　　　　　　　　　　　　　　　　　人数：

人员编号	姓名	基本工资	岗位工资	职务补贴	交补	奖金	应发合计	住房公积金	代扣税	缺勤扣款	扣款合计	实发合计	计税工资	缺勤天数
101	杨文	8,000.00	2,000.00	500.00	300.00	800.00	11,600.00	840.00	366.00		1,206.00	10,394.00	10,760.00	
201	周健	6,500.00	2,000.00	500.00	300.00	800.00	10,100.00	720.00	228.00		948.00	9,152.00	9,380.00	
202	王东	5,000.00	1,000.00	200.00	300.00	800.00	7,300.00	496.00	33.67	681.82	1,211.49	6,088.51	6,122.18	3.00
203	张平	5,000.00	1,000.00	200.00	300.00	800.00	7,300.00	496.00	54.12		550.12	6,749.88	6,804.00	
301	李明	5,500.00	1,200.00	500.00	300.00	1,000.00	8,500.00	576.00	87.72		663.72	7,836.28	7,924.00	
401	刘红	4,800.00	1,200.00	500.00	300.00	2,000.00	8,800.00	520.00	118.00		638.00	8,162.00	8,280.00	
402	韩乐乐	4,800.00	1,200.00	500.00	300.00	2,000.00	8,800.00	520.00	118.00		638.00	8,162.00	8,280.00	
501	刘伟	5,000.00	1,000.00	500.00	100.00	1,000.00	7,600.00	520.00	62.40		582.40	7,017.60	7,080.00	
502	齐天宇	4,500.00	1,000.00	200.00	100.00	1,000.00	6,800.00	456.00	28.05	409.09	893.14	5,906.86	5,934.91	2.00
合计		49,100.00	11,600.00	3,600.00	2,300.00	10,200.00	76,800.00	5,144.00	1,095.96	1,090.91	7,330.87	69,469.13	70,565.09	5.00

制表：　　　　审核：

图 5-34　工资发放条

⑥ 单击"退出"按钮退出。

提示：

- 工资业务处理完成后，相关工资报表数据同时生成，系统提供了多种形式的报表反映工资核算的结果。如果对报表的格式不满意还可以进行修改。
- 系统提供的工资报表主要包括"工资发放签名表""工资发放条""部门工资汇总表""人员类别汇总表""部门条件汇总表""条件统计表""条件明细表"及"工资变动明细表"等。
- 工资发放条是发放工资时交给职工的工资项目清单。系统提供了自定义工资发放打印信息和工资项目打印位置格式的功能，提供了固化表头和打印区域范围的"工资套打"格式。

(2) 查看部门工资汇总表　(微课视频：WK05020502)

操作步骤：

① 打开"在职人员"工资类别，执行"统计分析"|"账表"|"工资表"命令，打开"工资表"对话框。

② 单击选中"部门工资汇总表"，单击"查看"按钮，打开"部门工资汇总表—选择部门范围"对话框。

③ 单击选中各个部门，并单击选中"选定下级部门"前的复选框。

④ 单击"确定"按钮，进入"部门工资汇总表"窗口，如图 5-35 所示。

⑤ 单击"退出"按钮退出。

图 5-35　部门工资汇总表

 提示：

- 部门工资汇总表提供按单位(或各部门)进行工资汇总的查询。
- 可以选择部门级次，也可以查询当月部门工资汇总表，还可以查询其他各月的部门工资汇总表。

(3) 对财务部进行工资项目构成分析　**(微课视频：WK05020503)**

操作步骤：

① 打开"在职人员"工资类别，执行"统计分析"|"账表"|"工资分析表"命令，打开"工资分析表"对话框。

② 单击"确定"按钮，打开"请选择分析部门"对话框。

③ 单击选中"财务部"，单击"确定"按钮，打开"分析表选项"对话框。

④ 单击">>"按钮，选中所有的薪资项目内容，如图 5-36 所示。

⑤ 单击"确定"按钮，进入"工资项目分析表(按部门)"窗口。

⑥ 查看财务部工资项目构成情况。

图 5-36　"分析表选项"对话框

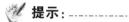 **提示:** --

对于工资项目分析，系统仅提供单一部门的分析表。用户可以在分析界面中单击"部门"栏的下三角按钮，查看该部门的工资项目构成分析。

----

(4) 查询 1 月份工资费用分摊凭证　**(微课视频: WK05020504)**

操作步骤:

① 在薪资管理系统中，执行"统计分析"|"凭证查询"命令，打开"凭证查询"对话框，如图 5-37 所示。

业务日期	业务类型	业务号	制单人	凭证日期	凭证号	标志
2020-01-31	应付工资	1	周健	2020-01-31	转-1	未审核
2020-01-31	住房公积金	2	周健	2020-01-31	转-2	未审核

凭证查询

✖ 删除　✎ 冲销　▤ 单据　🗐 凭证　✎ 修改　◎　🗋 退出

图 5-37　凭证查询

② 在"凭证查询"对话框中，单击选中"应付工资"所在行。

③ 单击"凭证"按钮，打开工资分摊的转账凭证。

④ 查看完成后，单击"退出"按钮返回。

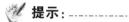 **提示:** --

- 薪资管理系统中的"凭证查询"功能可以对薪资管理系统生成的转账凭证进行查询、删除或冲销等操作。而在总账系统中，对薪资管理系统中传递过来的转账凭证只能进行查询、审核或记账等操作，不能修改或删除。
- 在"凭证查询"功能中单击"单据"按钮，可以查看该张凭证所对应的单据。
- 如果要进行工资数据的上报或采集，或者进行不同工资类别之间的人员变动，应在"工资数据维护"功能中完成。
- 在"工资数据维护"功能中还可以进行"人员信息复制"及"工资类别汇总"的操作。

----

6. 账套备份(略)

以上内容全部完成后，将账套输出至"5-2 薪资日常业务"文件夹中。

探究与挑战

1. 企业中还有哪些业务可以在薪资管理中处理？需要如何设置？请归纳并验证。

2. 在人员档案界面中有一个"计税"复选框，那么哪些人不需要计税呢？

第6章

固定资产系统

功能概述

固定资产系统主要提供资产管理、折旧计算、统计分析等功能。其中，资产管理主要包括原始设备的管理、新增资产的管理、资产减少的处理、资产变动的管理等，并提供资产评估及计提固定资产减值准备功能；支持折旧方法的变更，可以按月自动计算折旧，生成折旧分配凭证，同时输出有关的报表和账簿。固定资产核算系统可以用于固定资产总值、累计折旧数据的动态管理，协助设备管理部门做好固定资产实体的各项指标的管理、分析工作，具体包括以下内容。

- 初始设置：指根据用户的具体情况，建立一个合适的固定资产子账套的过程。初始设置包括系统初始化、部门设置、类别设置、使用状况定义、增减方式定义、折旧方法定义、卡片项目定义、卡片样式定义等。

- 卡片管理：固定资产管理在企业中分为两部分，一是固定资产卡片台账管理，二是固定资产的会计处理。系统提供了卡片管理的功能，主要从卡片、变动单及资产评估三个方面来实现卡片管理，包括卡片录入、卡片修改、卡片删除、资产增加及资产减少等功能，不仅实现了固定资产文字资料的管理，还实现了固定资产的图片管理。

- 折旧管理：自动计提折旧形成折旧清单和折旧分配表，按分配表自动制作记账凭证，并传递到总账系统。在对折旧进行分配时可以在单位和部门之间进行分配。

- 月末对账结账：月末按照系统初始设置的账务系统接口，自动与账务系统进行对账，并根据对账结果和初始设置决定是否结账。

- 账表查询：通过"我的账表"对系统所能提供的全部账表进行管理，资产管理部门可随时查询分析表、统计表、账簿和折旧表，提高资产管理效率。另外，还提供固定资产的多种自定义功能。

实验目的与要求

系统地学习固定资产系统初始化、日常业务处理的主要内容和操作方法。要求掌握输入固定资产卡片的方法；掌握固定资产增加、减少、变动的操作方法和要求；掌握固定资产折旧的处理过程及操作方法；了解固定资产账套内容及作用，熟悉固定资产月末转账、对账及月末结账的操作方法。

教学建议

固定资产系统是 ERP 财务管理系统中相对独立的一个子系统，在实际工作中的运用较为广泛，其部分功能与总账联系较为紧密，学习时要了解固定资产系统与总账的关系，将固定资产系统与总账系统有机地结合起来，为企业的全面财务核算与管理服务。

建议本章讲授 4 课时，上机练习 4 课时。

实验一　固定资产系统初始化

📢 实验准备

引入 "3-1 总账初始化" 账套数据，将系统日期更改为 "2020-01-01"。

🎬 实验要求

由 "001 周健" 注册进入企业应用平台，启用固定资产系统，建立固定资产账套，进行基础设置，录入原始卡片。

📖 实验资料

1. 222 固定资产账套参数(如表 6-1 所示)

表 6-1　222 固定资产账套参数

建 账 向 导	参 数 设 置
约定及说明	我同意
启用月份	2020.01
折旧信息	本账套计提折旧； 折旧方法：年数总和法； 折旧汇总分配周期：1 个月； 当(月初已计提月份=可使用月份-1)时，将剩余折旧全部提足

(续表)

建 账 向 导	参 数 设 置
编码方式	资产类别编码方式：2 1 1 2； 固定资产编码方式：按"类别编号+部门编号+序号"自动编码；卡片序号长度为 3
账务接口	与账务系统进行对账； 对账科目： 固定资产对账科目：1601 固定资产； 累计折旧对账科目：1602 累计折旧； 在对账不平的情况下允许固定资产月末结账

2. 初始设置

(1) 选项

业务发生后立即制单。

月末结账前一定要完成制单登账业务。

固定资产缺省入账科目：1601；累计折旧缺省入账科目：1602；固定资产减值准备缺省入账科目：1603；增值税进项税额缺省入账科目：22210101；固定资产清理缺省入账科目：1606。

(2) 资产类别(如表 6-2 所示)

表 6-2　资产类别

类别编码	类别名称	使用年限	净残值率	计提属性	折旧方法	卡片样式
01	厂房及建筑物	30	3%	正常计提	年数总和法	通用样式(二)
011	办公楼	30	3%	正常计提	年数总和法	通用样式(二)
012	厂房	30	3%	正常计提	年数总和法	通用样式(二)
02	运输设备	8	3%	正常计提	年数总和法	含税卡片样式
021	经营用	8	3%	正常计提	年数总和法	含税卡片样式
022	非经营用	8	3%	正常计提	年数总和法	含税卡片样式
03	机器设备		3%	正常计提	年数总和法	含税卡片样式
031	生产线	10	3%	正常计提	年数总和法	含税卡片样式
032	办公设备	5	3%	正常计提	年数总和法	含税卡片样式

(3) 部门及对应折旧科目(如表 6-3 所示)

表 6-3　部门及对应折旧科目

部 门 名 称	贷 方 科 目
企管部、财务部、采购部	管理费用——折旧费(660206)
销售部	销售费用(6601)
生产部	制造费用(510102)

(4) 增减方式的对应入账科目(如表 6-4 所示)

表 6-4　增减方式的对应入账科目

增 加 方 式	对应入账科目	减 少 方 式	对应入账科目
直接购入	银行存款/工行人民币户(100201)	出售	固定资产清理(1606)
盘盈	待处理财产损溢/待处理固定资产损溢(190102)	盘亏	待处理财产损溢/待处理固定资产损溢(190102)
投资者投入	实收资本(4001)	投资转出	长期股权投资(1511)
捐赠	营业外收入(6301)	捐赠转出	固定资产清理(1606)
在建工程转入	在建工程(1604)	报废	固定资产清理(1606)

3. 固定资产原始卡片(如表 6-5 所示)

表 6-5　固定资产原始卡片

固定资产名称	类别编号	所在部门	增加方式	使用年限(月)	开始使用日期	原值	累计折旧
1 号厂房	012	生产部	在建工程转入	360	2017-12-1	450 000	55 384
组装生产线	031	生产部	直接购入	120	2017-12-1	26 000	8 712
金杯车	021	销售一部	直接购入	96	2017-12-1	31 500	12 731
奥迪轿车	022	企管部	直接购入	96	2018-12-1	180 000	38 800
多功能一体机	032	财务部	直接购入	60	2018-12-1	12 000	3 880
笔记本电脑	032	企管部	直接购入	60	2018-12-1	8 000	2 587
合计						707 500	122 094

4. 账套备份

📺 实验指导

1. 建立固定资产账套　(微课视频: WK060101)

操作步骤:

① 在企业应用平台的"业务工作"选项卡中,执行"财务会计"|"固定资产"命令,系统弹出提示"这是第一次打开此账套,还未进行过初始化,是否进行初始化?",单击"是"按钮,打开"初始化账套向导"对话框。

② 在"初始化账套向导—约定及说明"对话框中,仔细阅读相关条款,选中"我同意"单选按钮。

③ 单击"下一步"按钮，打开"初始化账套向导—启用月份"对话框，确认账套启用月份为"2020.01"。

④ 单击"下一步"按钮，打开"初始化账套向导—折旧信息"对话框。选中"本账套计提折旧"复选框；选择主要折旧方法为"年数总和法"，折旧汇总分配周期为"1个月"；选中"当(月初已计提月份=可使用月份-1)时将剩余折旧全部提足(工作量法除外)"复选框，如图 6-1 所示。

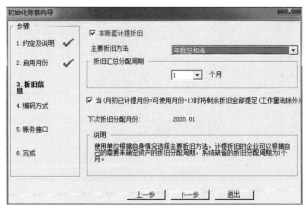

图 6-1　固定资产初始化—折旧信息

提示：

- 如果是行政事业单位，不选中"本账套计提折旧"复选框，则账套内所有与折旧有关的功能都会被屏蔽，该选项在初始化设置完成后不能修改。
- 虽然这里选择了某种折旧方法，但在设置资产类别或定义具体固定资产时可以更改该设置。

⑤ 单击"下一步"按钮，打开"初始化账套向导—编码方式"对话框。确定资产类别编码长度为"2112"；选中"自动编码"单选按钮，选择固定资产编码方式为"类别编号+部门编号+序号"，选择序号长度为"3"，如图 6-2 所示。

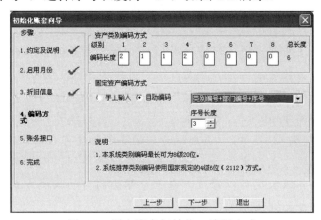

图 6-2　固定资产初始化—编码方式

⑥ 单击"下一步"按钮，打开"初始化账套向导—账务接口"对话框。选中"与账务系统进行对账"复选框；选择固定资产对账科目为"1601，固定资产"，累计折旧对账科目为"1602，累计折旧"；选中"在对账不平情况下允许固定资产月末结账"复选框，如图6-3所示。

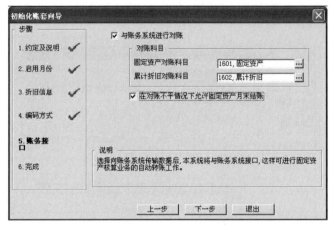

图6-3　固定资产初始化—账务接口

⑦ 单击"下一步"按钮，打开"初始化账套向导—完成"对话框。单击"完成"按钮，完成本账套的初始化，系统弹出提示"是否确定所设置的信息完全正确并保存对新账套的所有设置"，单击"是"按钮。

⑧ 系统弹出提示"已成功初始化本固定资产账套！"，单击"确定"按钮。

提示：

- 在固定资产"初始化账套向导—启用月份"对话框中所列示的启用月份只能查看，不能修改。启用日期确定后，在该日期前的所有固定资产都将作为期初数据，在启用月份开始计提折旧。
- 在固定资产"初始化账套向导—折旧信息"中，当(月初已计提月份=可使用月份-1)时，将剩余折旧全部提足(工作量法除外)是指除工作量法外，只要上述条件满足，则该月折旧额=净值-净残值，并且不能手工修改；如果不选择该项，则该月不提足折旧，并且可手工修改，但如以后各月按照公式计算的月折旧率或折旧额是负数时，认为公式无效，令月折旧率=0，月折旧额=净值-净残值。
- 固定资产编码方式包括"手工输入"和"自动编码"两种方式。自动编码方式包括"类别编号+序号""部门编号+序号""类别编号+部门编号+序号"及"部门编号+类别编号+序号"。类别编号中的序号长度可自由设定为1～5位。
- 资产类别编码方式设定以后，一旦某一级设置类别，则该级的长度不能修改，未使用过的各级长度可以修改。每一个账套的自动编码方式只能选择一种，一经设定，该自动编码方式不得修改。

● 固定资产对账科目和累计折旧对账科目应与账务系统内的对应科目一致。

● 对账不平不允许结账是指在存在对应的账务账套的情况下,本系统在月末结账前自动执行一次对账,给出对账结果,如果不平,说明两系统出现偏差,应予以调整。

● 初始化设置完成后,有些参数不能修改,所以要慎重。如果发现参数有错,必须改正,此时只能通过在固定资产系统中执行"维护"|"重新初始化账套"命令来实现,该操作将清空对该子账套所做的一切工作。

2. 初始设置

(1) 选项设置　**(微课视频: WK06010201)**

操作步骤:

① 执行"设置"|"选项"命令,打开"选项"对话框。

② 单击"编辑"按钮,再单击打开"与账务系统接口"选项卡,选中"业务发生后立即制单"复选框,设置固定资产缺省入账科目为"1601";累计折旧缺省入账科目为"1602";减值准备缺省入账科目为"1603";增值税进项税额缺省入账科目为"22210101";固定资产清理缺省入账科目为"1606",如图 6-4 所示。

③ 单击"确定"按钮返回。

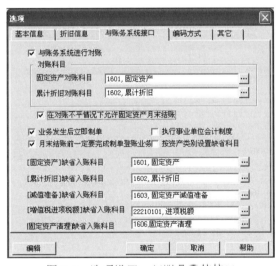

图 6-4　选项设置—与账务系统接口

(2) 资产类别设置　**(微课视频: WK06010202)**

操作步骤:

① 执行"设置"|"资产类别"命令,进入"资产类别"窗口。

② 单击"增加"按钮,输入类别名称为"厂房及建筑物",选择卡

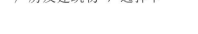

片样式为"通用样式(二)",如图 6-5 所示,单击"保存"按钮。

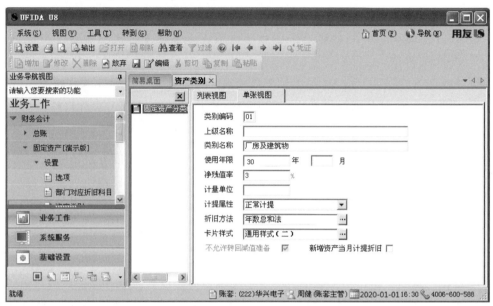

图 6-5　增加资产类别

③ 继续增加"运输设备"和"机器设备"两个一级类别。

④ 单击"放弃"按钮,系统提示"是否取消本次操作",单击"是"按钮,返回"资产类别"窗口。

⑤ 单击选中"固定资产分类编码表"中的"01 厂房及建筑物"分类,再单击"增加"按钮,增加"办公楼"。

⑥ 单击"保存"按钮。以此方法继续录入其他的固定资产分类。

提示:

- 应先建立上级固定资产类别后再建立下级类别。由于在建立上级类别"房屋与建筑物"时就设置了使用年限、净残值率,其下级类别如果与上级类别设置相同,可自动继承不用修改;如果下级类别与上级类别设置不同,可以修改。
- 类别编码、名称、计提属性及卡片样式不能为空。
- 非明细级类别编码不能修改和删除,明细级类别编码修改时只能修改本级的编码。
- 使用过的类别的计提属性不能修改。
- 系统已使用的类别不允许增加下级和删除。

(3) 设置部门对应折旧科目　(微课视频:WK06010203)

操作步骤:

① 执行"设置"|"部门对应折旧科目"命令,进入"部门对应折

旧科目—列表视图"窗口。

②　从左侧的部门编码目录中，选择"企管部"，单击"修改"按钮，打开"单张视图"窗口(也可以直接选中部门编码目录中的"企管部"，单击打开"单张视图"选项卡，再单击"修改"按钮)。

③　在"折旧科目"栏录入或选择"660206"，如图6-6所示。

④　单击"保存"按钮。以此方法继续录入其他部门对应的折旧科目。

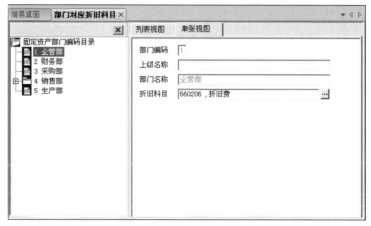

图6-6　"部门对应折旧科目—单张视图"窗口

提示：

- 因本系统录入卡片时，只能选择明细级部门，所以设置折旧科目也只有给明细级部门设置才有意义。如果某一上级部门设置了对应的折旧科目，则下级部门自动继承上级部门的设置，也可以选择不同的科目，即上下级部门的折旧科目可以相同，也可以不同。

- 当为销售部设置对应的折旧科目为"6601 销售费用"时，系统会提示"是否将销售部的所有下级部门的折旧科目替换为'销售费用'？如果选择是，请在成功保存后单击'刷新'按钮查看"。单击"是"按钮，即将销售部的两个下级部门的折旧科目一并设置完成。

- 设置部门对应的折旧科目时，必须选择末级会计科目。

(4) 设置固定资产的增减方式及对应入账科目　**(微课视频：WK06010204)**

操作步骤：

①　执行"设置"|"增减方式"命令，打开"增减方式"窗口。

②　在左侧的"增加方式"目录中，选择"直接购入"，再单击"修改"按钮，打开"增减方式—单张视图"窗口，在"对应入账科目"栏录入"100201"，如图6-7所示。

图 6-7 "增减方式—单张视图"窗口

③ 单击"保存"按钮。以此方法继续设置其他增减方式对应的入账科目。

提示：

- 在资产增减方式中所设置的对应入账科目是为了生成凭证时默认。
- 因为本系统提供的报表中有固定资产盘盈盘亏报表，所以增减方式中"盘盈、盘亏、毁损"不能修改和删除。
- 非明细增减方式不能删除；已使用的增减方式不能删除。
- 生成凭证时，如果入账科目发生了变化，可以即时修改。

---

3. 录入固定资产原始卡片 （微课视频：WK060103）

操作步骤：

① 执行"卡片"|"录入原始卡片"命令，打开"固定资产类别档案"对话框。

② 选择"012 厂房"前的复选框，单击"确定"按钮或按 Enter 键后进入"固定资产卡片[录入原始卡片：00001 号卡片]"窗口。

③ 在"固定资产名称"栏录入"1 号厂房"，单击"部门名称"栏，再单击"部门名称"按钮，打开"固定资产—本资产部门使用方式"对话框。默认"单部门使用"，单击"确定"按钮，进入"部门参照"窗口，选择"生产部"，单击"确定"按钮。

④ 单击"增加方式"栏，再单击"增加方式"按钮，打开"固定资产增减方式"对话框，选择"105 在建工程转入"，单击"确定"按钮。

⑤ 单击"使用状况"栏，再单击"使用状况"按钮，打开"使用状况参照"对话框。默认"在用"，单击"确定"按钮。

⑥ 在"开始使用日期"栏录入"2017-12-01"，在"原值"栏录入"450 000"，在"累计折旧"栏录入"55 384"，如图 6-8 所示。

⑦ 单击"保存"按钮，系统提示"数据成功保存！"信息提示框。

⑧ 单击"确定"按钮。以此方法继续录入其他的固定资产卡片。

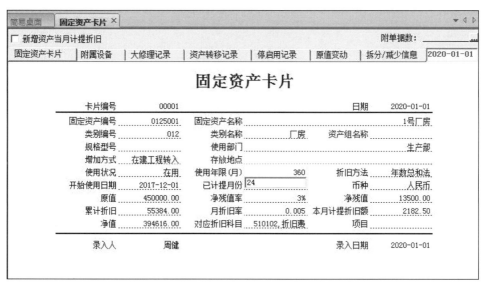

图 6-8　录入原始卡片

✎ **提示：**--

- 在"固定资产卡片"界面中，除"固定资产卡片"选项卡外，还有若干的附属选项卡，附属选项卡上的信息只供参考，不参与计算也不回溯。
- 在执行原始卡片录入或资产增加功能时，可以为一个资产选择多个使用部门。
- 当资产为多部门使用时，原值、累计折旧等数据可以在多部门中按设置的比例分摊。
- 单个资产对应多个使用部门时，卡片上的"对应折旧科目"处不能输入，默认为选择使用部门时设置的折旧科目。
- 录入完成后，可以执行"处理"|"对账"命令，验证固定资产系统中录入的固定资产明细资料是否与总账中的固定资产数据一致。

----

4. 账套备份(略)

全部完成后，将账套输出至"6-1 固定资产初始化"文件夹中。

实验二　固定资产日常业务处理

📢 实验准备

引入"6-1 固定资产初始化"账套，将系统日期更改为业务日期。

📝 实验要求

以账套主管"001 周健"的身份进行固定资产增减、固定资产变动、计提折旧、对账结账等处理。

📚 实验资料

● 2020 年 1 月发生以下业务。

1. 修改固定资产卡片

2020 年 1 月 15 日,将卡片编号为"00002"的"组装生产线"的使用状况由"在用"修改为"大修理停用"。

2. 新增固定资产

2020 年 1 月 15 日,销售二部购买投影仪一台,取得增值税专用发票 8 000 元,增值税 1 040 元,款项已付。预计使用年限为 5 年,净残值率为 3%,采用"年数总和法"计提折旧。

3. 计提折旧

2020 年 1 月 31 日,计提本月折旧。

4. 减少固定资产

2020 年 1 月 31 日将企管部使用的笔记本电脑捐赠给希望工程。

● 2020 年 2 月发生以下业务。

1. 固定资产原值变动暂不生成凭证

2 月 6 日,奥迪轿车添置新配件 5 600 元,用工行转账支票支付,票号 18901。

2. 折旧方法变动

2 月 12 日,修改固定资产"金杯车"的折旧方法为"工作量法",工作总量为 20000 小时,累计工作量为 6000 小时。

3. 进行批量制单

2 月 28 日,对 2 月份固定资产业务进行批量制单处理。

实验指导

1. 修改固定资产卡片　(微课视频：WK060201)

操作步骤：

① 执行"卡片"|"卡片管理"命令，打开"查询条件选择"对话框，修改开始使用日期为"2017-01-01"到"2020-01-15"，单击"确定"按钮，进入"卡片管理"窗口，如图6-9所示。

卡片编号	开始使用日期	使用年限(月)	原值	固定资产编号	净残值率	录入人
00001	2017.12.01	360	450,000.00	0125001	0.03	周健
00002	2017.12.01	120	26,000.00	0315001	0.03	周健
00003	2017.12.01	96	31,500.00	021401001	0.03	周健
00004	2018.12.01	96	180,000.00	0221001	0.03	周健
00005	2018.12.01	60	12,000.00	0322001	0.03	周健
00006	2018.12.01	60	8,000.00	0321001	0.03	周健
合计:(共计			707,500.00			

图6-9　"卡片管理"窗口

② 选中"00002"所在行，再单击"修改"按钮，进入"固定资产卡片"窗口。

③ 单击"使用状况"栏，再单击"使用状况"按钮，打开"使用状况参照"对话框。

④ 选中"1004 大修理停用"，单击"确定"按钮。

⑤ 单击"保存"按钮，系统提示"数据成功保存！"。

⑥ 单击"确定"按钮，返回"固定资产卡片"窗口。

⑦ 单击"退出"按钮，返回"卡片管理"窗口。

提示：

- 当发现卡片有录入错误，或在资产使用过程中有必要修改卡片的一些内容时，可以通过卡片修改功能实现，这种修改为无痕迹修改。

- 原始卡片的原值、使用部门、工作总量、使用状况、累计折旧、净残值(率)、折旧方法、使用年限、资产类别在没有做变动单或评估单的情况下，在录入当月可以无痕迹修改；如果做过变动单，只有删除变动单才能无痕迹修改；若各项目做过一次月末结账，则只能通过变动单或评估单调整，不能通过卡片修改功能改变。

- 通过资产增加录入系统的卡片在没有制作凭证和变动单、评估单的情况下，录入当月可以无痕迹修改。如果做过变动单，只有删除变动单才能无痕迹修改。如果已制作凭证，但要修改原值或累计折旧，则必须删除凭证后，才能无痕迹修改。卡片上的其他项目，任何时候均可无痕迹修改。
- 非本月录入的卡片，不能删除。
- 卡片做过一次月末结账后不能删除。做过变动单或评估单的卡片在删除时会提示先删除相关的变动单或评估单。

2. 增加固定资产　(微课视频：WK060202)

操作步骤：

① 执行"卡片"|"资产增加"命令，打开"固定资产类别档案"对话框。

② 双击"032 办公设备"，进入"固定资产卡片"窗口。

③ 在"固定资产名称"栏录入"投影仪"；选择使用部门为"销售二部"；增加方式为"直接购入"；使用状况为"在用"；选择折旧方法为"年数总和法"；输入原值为"8 000"；增值税为"1 040"；使用年限为"60"月；"开始使用日期"为"2020-01-15"，如图 6-10 所示。

图 6-10　新增固定资产

④ 单击"保存"按钮，系统弹出"数据成功保存"信息提示框，并进入"填制凭证"窗口。单击"确定"按钮。

⑤ 选择凭证类型为"付款凭证"，修改制单日期、附件数，单击"保存"按钮，生成凭证如图 6-11 所示。

图 6-11 新增资产生成凭证

提示:

- 新卡片录入的第一个月不提折旧,折旧额为空或为零。
- 原值录入的必须是卡片录入月初的价值,否则将会出现计算错误。
- 如果录入的累计折旧、累计工作量大于零,说明是旧资产,该累计折旧或累计工作量是进入本单位前的值。
- 已计提月份必须严格按照该资产在其他单位已经计提或估计已计提的月份数,不包括使用期间停用等不计提折旧的月份。
- 只有当资产开始计提折旧后才可以使用资产减少功能,否则,减少资产只有通过删除卡片来完成。

3. 计提固定资产折旧 *(微课视频:WK060203)*

操作步骤:

① 执行"处理"|"计提本月折旧"命令,系统弹出"是否要查看折旧清单?"信息提示。

② 单击"是"按钮,系统提示"本操作将计提本月折旧,并花费一定时间,是否继续?"。单击"是"按钮,打开"折旧清单"窗口,如图 6-12 所示。

卡片编号	资产编号	资产名称	原值	计提原值	本月计提折旧额	累计折旧	本年计提折旧	减值准备	净值	净残值	折旧率	单
00001	0125001	1号厂房	000.00	450,000.00	2,182.50	57,566.50	2,182.50	0.00	433.50	3,500.00	0.0050	
00002	0315001	组装生产线	000.00	26,000.00	305.16	9,017.16	305.16	0.00	982.84	780.00	0.0121	
00003	021401001	金杯车	500.00	31,500.00	424.71	13,159.71	424.71	0.00	344.29	945.00	0.0139	
00004	0221001	奥迪轿车	000.00	180,000.00	2,828.52	41,628.52	2,828.52	0.00	371.48	5,400.00	0.0162	
00005	0322001	多功能一体	000.00	12,000.00	258.41	4,138.41	258.41	0.00	861.59	360.00	0.0222	
00006	0321001	笔记本电脑	000.00	8,000.00	172.27	2,759.27	172.27	0.00	240.73	240.00	0.0222	
	合计		500.00	707,500.00	6,171.57	128,265.57	6,171.57	0.00	234.43	1,225.00		

图 6-12 折旧清单

③ 单击"退出"按钮，打开"折旧分配表"窗口，如图 6-13 所示。

图 6-13 折旧分配表

④ 单击"凭证"按钮，生成一张记账凭证。修改凭证类别为"转账凭证"，单击"保存"按钮，凭证左上角出现"已生成"字样，表示凭证已传递到总账，如图 6-14 所示。

图 6-14 计提折旧转账凭证生成

 提示:

● 计提折旧功能对各项资产每期计提一次折旧，并自动生成折旧分配表，然后制作记账凭证，将本期的折旧费用自动登账。

● 部门转移和类别调整的资产当月计提的折旧分配到变动后的部门和类别。

● 在一个期间内可以多次计提折旧，每次计提折旧后，只是将计提的折旧累加到月初的累计折旧上，不会重复累计。

- 若上次计提折旧已制单并已传递到总账系统，则必须删除该凭证才能重新计提折旧。
- 如果计提折旧后又对账套进行了影响折旧计算或分配的操作，则必须重新计提折旧，否则系统不允许结账。
- 资产的使用部门和资产折旧要汇总的部门可能不同，为了加强资产管理，使用部门必须是明细部门，而折旧分配部门不一定分配到明细部门。不同的单位处理可能不同，因此要在计提折旧后、分配折旧费用时做出选择。
- 在折旧费用分配表界面中，可以单击"制单"按钮制单，也可以以后利用"批量制单"功能进行制单。

4. 减少固定资产 (微课视频: WK060204)

操作步骤:

① 执行"卡片"|"资产减少"命令，打开"资产减少"对话框。

② 在"卡片编号"栏录入"00006"，或单击"卡片编号"栏对照按钮，选择"00006"。

③ 单击"增加"按钮，双击"减少方式"栏，再单击"减少方式"栏参照按钮，选择"204 捐赠转出"，如图6-15所示。

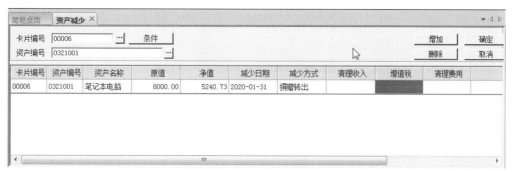

图 6-15　资产减少

④ 单击"确定"按钮，系统弹出"所选卡片已经减少成功"信息提示。单击"确定"按钮，进入"填制凭证"窗口。

⑤ 选择"转账凭证"，修改其他项目，单击"保存"按钮，如图6-16所示。

提示:

- 本账套需要进行计提折旧后，才能减少资产。
- 如果要减少的资产较多并且有共同点，则通过单击"条件"按钮，可输入一些查询条件，将符合该条件的资产挑选出来进行批量减少操作。

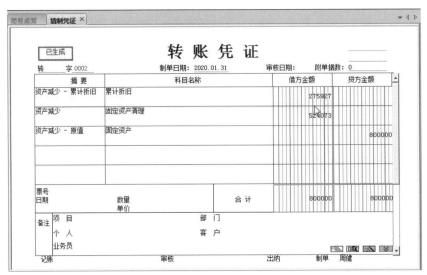

图 6-16　资产减少生成凭证

5. 与总账对账

(1) 与账务系统对账　**(微课视频：WK060205)**

在固定资产系统中，执行"处理"|"对账"命令，打开"与账务对账结果"对话框，显示结果：不平衡，如图 6-17 所示。单击"确定"按钮。

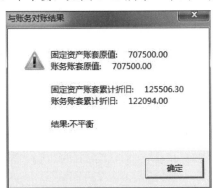

图 6-17　与账务对账不平衡

提示：

- 只有设置账套参数时选择了"与账务系统进行对账"，本功能才能操作。
- 如果对账不平，需要根据初始化是否选中"在对账不平情况下允许固定资产月末结账"来判断是否可以进行结账处理。
- 在固定资产系统中已经计提了折旧，但尚未在总账系统中记账，因此出现了折旧的差额。

（2）在总账系统中将固定资产系统所生成的记账凭证审核并记账

操作步骤：

① 由 003 号操作员进入总账系统，对新增固定资产系统生成的出纳凭证进行出纳签字。

② 由 002 号操作员进入总账系统，对固定资产系统生成的凭证进行审核、记账。

（3）重新进行对账

由 001 号操作员在固定资产系统中，执行"处理"|"对账"命令，打开"与账务对账结果"对话框，显示结果：平衡，如图 6-18 所示。单击"确定"按钮。

图 6-18　与账务对账平衡

6. 月末结账　（微课视频：WK060206）

操作步骤：

① 在固定资产系统中，执行"处理"|"月末结账"命令，打开"月末结账"对话框。

② 单击"开始结账"按钮，出现"与账务对账结果"对话框。

③ 单击"确定"按钮，出现系统提示，再单击"确定"按钮。

提示：

- 在固定资产系统中完成了本月全部制单业务后，可以进行月末结账。月末结账每月进行一次，结账后当期数据不能修改。

- 本期不结账，将不能处理下期的数据；结账前一定要进行数据备份，否则数据一旦丢失，将造成无法挽回的后果。

- 如果结账后发现有未处理的业务或者需要修改的事项，可以通过系统提供的"恢复月末结账前状态"功能进行反结账。但是，不能跨年度恢复数据，即本系统年末结转后，不能利用本功能恢复年末结转。

- 恢复到某个月的月末结账前状态后，本账套对该结账后所做的所有工作都可以无痕迹删除。

7. 账表查询

(1) 查询固定资产原值一览表

操作步骤：

① 执行“账表”|“我的账表”命令，进入固定资产“报表”窗口。

② 执行“账簿”中的“统计表”命令，双击“(固定资产原值)一览表”，打开“条件—(固定资产原值)一览表”对话框。单击“确定”按钮，进入“(固定资产原值)一览表”窗口，如图 6-19 所示。

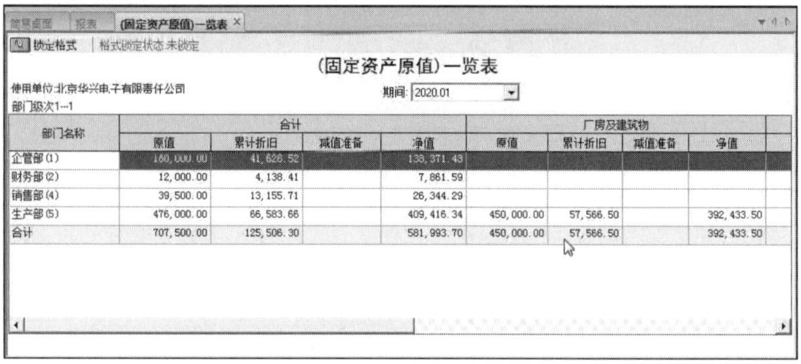

部门名称	合计				厂房及建筑物			
	原值	累计折旧	减值准备	净值	原值	累计折旧	减值准备	净值
企管部(1)	180,000.00	41,628.52		138,371.48				
财务部(2)	12,000.00	4,138.41		7,861.59				
销售部(4)	39,500.00	13,155.71		26,344.29				
生产部(5)	476,000.00	66,583.66		409,416.34	450,000.00	57,566.50		392,433.50
合计	707,500.00	125,506.30		581,993.70	450,000.00	57,566.50		392,433.50

图 6-19 “(固定资产原值)一览表”窗口

提示：

在固定资产系统中提供了9种统计表，包括“固定资产原值一览表”“固定资产变动情况表”“固定资产到期提示表”“固定资产统计表”“评估汇总表”“评估变动表”“盘盈盘亏报告表”“逾龄资产统计表”及“役龄资产统计表”。这些表从不同的侧面对固定资产进行统计分析，使管理者可以全面细致地了解企业对资产的管理、分布情况，为及时掌握资产的价值、数量及新旧程度等指标提供了依据。

(2) 查询“价值结构分析表”

操作步骤：

① 执行“账表”|“我的账表”命令，进入固定资产“报表”窗口。

② 单击“分析表”，再双击“价值结构分析表”，打开“条件—价值结构分析表”对话框。

③ 单击“确定”按钮，打开“价值结构分析表”窗口，如图 6-20 所示。

提示：

在固定资产系统中，分析表主要通过对固定资产的综合分析，为管理者提供管理和决策依据。系统提供了 4 种分析表，即“部门构成分析表”“价值结构分析表”“类别构成分析表”和“使用状况分析表”。管理者可以通过这些表，了解本企业资产计提折旧的程度和剩余价值的大小。

图6-20　"价值结构分析表"窗口

8. 固定资产原值变动

操作步骤：

① 在固定资产系统中，执行"卡片"|"变动单"|"原值增加"命令，进入"固定资产变动单"窗口。

② 输入卡片编号为"00004"；增加金额为"5 600"；变动原因为"增加配件"，如图6-21所示。

③ 单击"保存"按钮，进入"填制凭证"窗口。单击"关闭"按钮，暂不生成凭证。

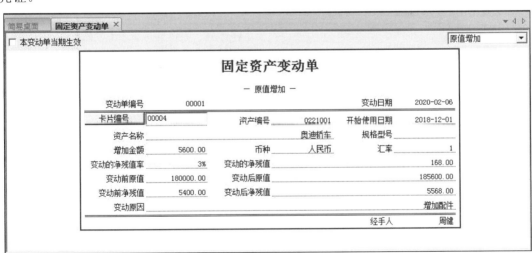

图6-21　固定资产变动单—原值增加

📝 **提示:** --

- 资产变动主要包括原值变动、部门转移、使用状况变动、使用年限调整、折旧方法调整、净残值(率)调整、工作总量调整、累计折旧调整、资产类别调整等。系统对已做出变动的资产，要求输入相应的变动单来记录资产调整结果。
- 变动单不能修改，只有当月可删除重做，所以请仔细检查后再保存。
- 必须保证变动后的净值大于变动后的净残值。

----

9. 折旧方法变动 (微课视频: WK060209)

操作步骤:

① 执行"卡片"|"变动单"|"折旧方法调整"命令，打开"固定资产变动单"窗口。

② 在"卡片编号"栏录入"00003"，或单击"卡片编号"栏，选择"00003"。

③ 单击"变动后折旧方法"栏，再单击"变动后折旧方法"按钮，选择"工作量法"。

④ 单击"确定"按钮，打开"工作量输入"对话框。在"工作量输入"对话框中的"工作总量"栏中输入"20000"，在"累计工作量"栏中输入"6000"，在"工作量单位"栏中输入"小时"，单击"确定"按钮，如图 6-22 所示。

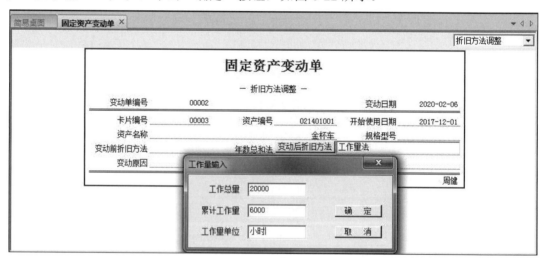

图 6-22 折旧方法变动

⑤ 在"变动原因"栏录入"工作需要"，单击"保存"按钮，系统提示"数据成功保存!"，单击"确定"按钮。

10. 批量制单

操作步骤:

① 在固定资产系统中，执行"处理"|"批量制单"命令，打开"查询条件选择"对话框，单击"确定"按钮，进入"批量制单"窗口。

② 单击"全选"按钮或双击"选择"栏，选中要制单的业务，如图 6-23 所示。

③ 单击打开"制单设置"选项卡，进行制单科目设置，如图 6-24 所示。

④ 单击"凭证"按钮，修改凭证类别为"付款凭证"，单击"保存"按钮，如图 6-25 所示。

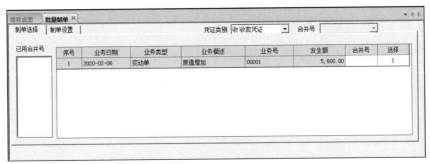

图 6-23　批量制单—制单选择

图 6-24　进行制单设置

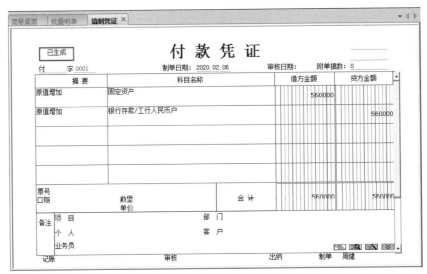

图 6-25　增加配件生成凭证

提示:

- "批量制单"功能可以同时将一批需要制单的业务连续制作凭证传递到总账系统。凡是业务发生时没有制单的,该业务自动排列到批量制单表中,表中列示应制单而没有制单的业务发生日期、类型、原始单据编号、默认的借贷方科目和金额,以及制单选择标志。

- 如果在选项中选择"业务发生时立即制单",摘要将根据业务情况自动输入;如果使用批量制单方式,则摘要为空,需要手工输入。

- 修改凭证时,能修改的内容仅限于摘要、用户自行增加的凭证分录、系统默认的分录的折旧科目,而系统默认的分录的金额与原始的数据不能修改。

11. 账套备份(略)

全部完成后,将账套输出至"6-2 固定资产业务处理"文件夹中。

探究与挑战

1. 除了书中列举的固定资产业务,还有哪些与固定资产相关的业务类型需要在 U8 中处理?找出一种,说明如何进行相关设置和业务处理才能自动生成业务凭证。

2. U8 固定资产系统是否适合行政事业单位使用?需要在哪里进行设置?

第 7 章

应收款管理系统

功能概述

应收款管理系统主要实现企业与客户之间业务往来账款的核算与管理。在应收款管理系统中，以销售发票、费用单、其他应收单等原始单据为依据，记录销售业务及其他业务所形成的往来款项，处理应收款项的收回、坏账、转账等情况，提供票据处理的功能，实现对应收款的管理。根据对客户往来款项的核算和管理的程度不同，系统提供了"详细核算"和"简单核算"两种应用方案。不同的应用方案，其系统功能、产品接口、操作流程等均不相同。

详细核算应用方案的功能主要包括记录应收款项的形成(包括由商品交易和非商品交易所形成的所有的应收项目)、处理应收项目的收款及转账情况、对应收票据进行记录和管理、随应收项目的处理过程自动生成凭证并传递给总账系统、对外币业务及汇兑损益进行处理，以及提供针对多种条件的各种查询和分析。

简单核算应用方案的功能，主要包括接收销售系统的发票、对其进行审核，以及对销售发票进行制单处理并传递给总账系统。

实验目的与要求

系统地学习应收款管理系统初始化的一般方法，学习应收款系统日常业务处理的主要内容和操作方法。要求掌握应收款系统与总账系统组合时应收款系统的基本功能和操作方法，熟悉应收款系统账簿查询的作用和基本方法。

教学建议

应收款系统的功能较为全面，由于不同功能模块的组合将会使应收款系统的功能实现方式不同，因此，在学习时一定要在弄清应收款系统的基本功能后，再系统地学习不同模块组合时应收款系统录入数据或接收数据的方法和相应的账务处理。

建议本章讲授 4 课时，上机练习 4 课时。

实验一　应收款管理系统初始化

实验准备

引入"3-1 总账初始化"账套数据。将系统日期更改为"2020-01-01"。

实验要求

由"001 周健"注册进入企业应用平台，启用应收款管理系统，启用日期为"2020-01-01"，进行应收款管理系统初始化设置。

(1) 设置系统参数

(2) 基础设置

(3) 设置科目

(4) 坏账准备设置

(5) 账龄区间设置

(6) 报警级别设置

(7) 设置允许修改"销售专用发票"的编号

(8) 设置本单位开户银行

(9) 录入期初余额并与总账系统进行对账

(10) 账套备份

实验资料

1. 选项设置(如表 7-1 所示)

表 7-1　选项设置

选 项 卡	参 数	设 置 要 求
常规	单据审核日期依据	单据日期
	坏账处理方式	应收余额百分比法
凭证	核销生成凭证	否
权限与预警	控制客户权限	是
	单据报警	按信用方式提前 7 天进行报警

注：其他选项保持系统默认。

2. 初始设置

(1) 设置科目(如表 7-2 所示)

表 7-2　设置科目

科 目 类 别	设 置 方 式
基本科目设置	应收科目(本币)：1122 应收账款
	预收科目(本币)：2203 预收账款
	商业承兑科目和银行承兑科目：1121 应收票据
	票据利息科目、票据费用科目和现金折扣科目：6603 财务费用
	销售收入科目和销售退回科目：6001 主营业务收入
	税金科目：22210105 销项税额
	坏账入账科目：1231 坏账准备
结算方式科目设置	现金结算；币种：人民币；科目：1001
	现金支票；币种：人民币；科目：100201
	转账支票；币种：人民币；科目：100201
	电汇；币种：人民币；科目：100201
	银行承兑汇票；币种：人民币；科目：100201
	商业承兑汇票；币种：人民币；科目：100201

(2) 坏账准备设置(如表 7-3 所示)

表 7-3　坏账准备设置

控 制 参 数	参 数 设 置
提取比率	0.5%
坏账准备期初余额	0
坏账准备科目	1231
对方科目	6701

(3) 账期内账龄区间设置(如表 7-4 所示)

表 7-4　账期内账龄区间设置

序　号	起 止 天 数	总 天 数
01	0～10	10
02	11～30	30
03	31～60	60
04	61～90	90
05	91 以上	

(4) 逾期账龄区间设置(如表 7-5 所示)

表 7-5　逾期账龄区间设置

序　号	起　止　天　数	总　天　数
01	0～30	30
02	31~·60	60
03	61～90	90
04	91～120	120
05	121 以上	

(5) 报警级别设置

A 级时的总比率为 10%，B 级时的总比率为 20%，C 级时的总比率为 30%，D 级时的总比率为 40%，E 级时的总比率为 50%，总比率在 50%以上为 F 级。

3. 基础信息设置

本单位开户银行的编码为"01"，开户银行为"工行北京支行花园路办事处"，银行账号为"001-23456789"。

4. 单据设置

(1) 单据格式设置

删除销售专用发票、销售普通发票表头项目"销售类型"。

(2) 单据编号设置

设置允许修改销售专用发票和销售普通发票的编号。

5. 期初数据(存货税率均为 13%，开票日期均为 2019 年，如表 7-6 所示)

表 7-6　期初数据

单据名称	方向	开票日期	票号	客户名称	销售部门	科目编码	货物名称	数量	无税单价	价税合计
销售专用发票	正向	2019.11.12	78987	天益	销售一部	1122	华星	2	2 800	6 328
销售专用发票	正向	2019.11.18	78988	明兴	销售一部	1122	华星	3	2 800	9 492
销售专用发票	正向	2019.11.22	78989	大地	销售一部	1122	华卫	10	1 100	12 430
其他应收单	正向	2019.11.22		明兴	销售一部	1122	代垫运费			218
收款单	正向	2019.11.26	电汇	伟达	销售二部	2203				30 000

实验指导

1. 选项设置

(1) 数据权限控制设置　**(微课视频：WK07010101)**

操作步骤：

① 在 U8 企业应用平台中，执行"系统服务"|"权限"|"数据权限控制设置"命令，打开"数据权限控制设置"对话框。

② 在"记录级"选项卡中，选中"客户档案"选项，如图 7-1 所示，单击"确定"按钮返回。

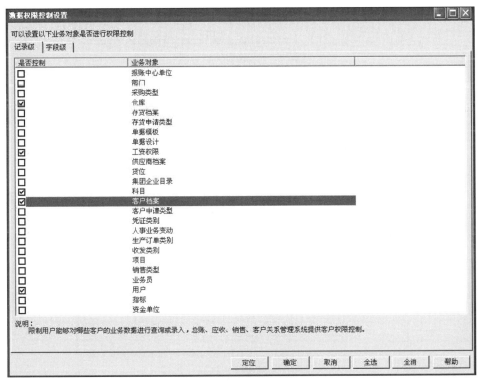

图 7-1　数据权限控制设置

(2) 应收款系统选项设置　**(微课视频：WK07010102)**

操作步骤：

① 在应收款系统中，执行"设置"|"选项"命令，打开"账套参数设置"对话框。

② 单击"编辑"按钮，系统提示"选项修改需要重新登录才能生效"，单击"确定"按钮。在"常规""凭证""权限与预警"选项卡中按照实验资料完成设置，"常规"和"权限与预警"选项卡中的选项设置，如图 7-2 和图 7-3 所示。

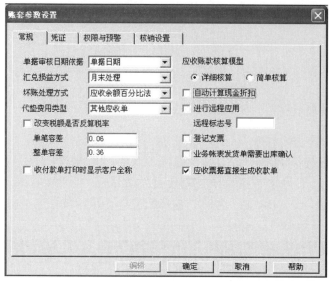

图 7-2　设置选项—常规

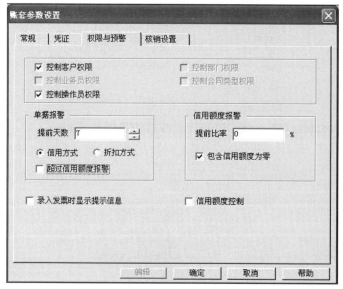

图 7-3　设置选项—权限与预警

③ 单击"确定"按钮。

✍ **提示:** --

- 在账套使用过程中可以随时修改账套参数。
- 如果当年已经计提过坏账准备，则坏账处理方式不能修改，只能下一年度修改。
- 关于应收账款核算模型，在系统启用时或者还没有进行任何业务处理的情况下才允许从简单核算改为详细核算；从详细核算改为简单核算随时可以进行。

----

2. 初始设置

(1) 设置科目　**(微课视频：WK07010201)**

操作步骤：

① 执行"设置"|"初始设置"命令，进入"初始设置"窗口。

② 在"设置科目"项下选择"基本科目设置"，单击"增加"按钮，按实验资料设置基本科目，如图 7-4 所示。

基础科目种类	科目	币种
应收科目	1122	人民币
预收科目	2203	人民币
商业承兑科目	1121	人民币
银行承兑科目	1121	人民币
票据利息科目	6603	人民币
票据费用科目	6603	人民币
现金折扣科目	6603	人民币
销售收入科目	6001	人民币
销售退回科目	6001	人民币
税金科目	22210105	人民币
坏账入账科目	1231	人民币

图 7-4　基本科目设置

提示：

- 在基本科目设置中设置的应收科目"1122 应收账款"、预收科目"2203 预收账款"及"1121 应收票据"，应在总账系统中设置其辅助核算内容为"客户往来"，并且其受控系统为"应收系统"，否则在此不能被选中。
- 只有在此设置了基本科目，在生成凭证时才能直接生成凭证中的会计科目，否则凭证中将没有会计科目，相应的会计科目只能手工再录入。
- 如果应收科目、预收科目按不同的客户或客户分类分别进行设置，则可在"控制科目设置"中进行设置，在此可以不设置。
- 如果针对不同的存货分别设置销售收入核算科目，则在此不用设置，可以在"产品科目设置"中进行设置。

③ 选择"设置科目"下的"结算方式科目设置"，按实验资料设置结算方式科目。

提示：

结算方式科目设置是针对已经设置的结算方式来设置相应的结算科目。即在收款或付款时只要告诉系统结算时使用的结算方式，就可以由系统自动生成该种结算方式所使用的会计科目。

(2) 坏账准备设置 *(微课视频：**WK07010202**)*

操作步骤：

① 在应收款管理系统中，执行"设置"|"初始设置"命令，进入"初始设置"窗口。

② 选择"坏账准备设置"，设置坏账准备相关资料，如图 7-5 所示。

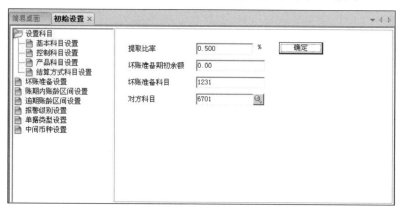

图 7-5　坏账准备设置

③ 单击"确定"按钮，弹出"储存完毕"信息提示，再单击"确定"按钮。

提示：

- 如果在选项中并未选中坏账处理的方式为"应收余额百分比法"，则在此处就不能录入"应收余额百分比法"所需要的初始设置，即此处的初始设置是与选项中所选择的坏账处理方式相对应的。

- 坏账准备的期初余额应与总账系统中所录入的坏账准备的期初余额相一致，但是，系统没有坏账准备期初余额的自动对账功能，只能人工核对。坏账准备的期初余额如果在借方，则用"－"号表示。如果没有期初余额，应将期初余额录入为"0"，否则，系统将不予确认。

- 坏账准备期初余额被确认后，只要进行了坏账准备的日常业务处理就不允许再修改。下一年度使用本系统时，可以修改提取比率、区间和科目。

- 如果在系统选项中默认坏账处理方式为直接转销，则不用进行坏账准备设置。

(3) 设置账期内账龄区间及逾期账龄区间 *(微课视频：**WK07010203**)*

操作步骤：

① 在"初始设置"窗口中，选择"账期内账龄区间设置"。

② 在"总天数"栏录入"10"，按 Enter 键，再在"总天数"栏录入"30"后按 Enter 键。以此方法继续录入其他的总天数，如图 7-6 所示。

图 7-6　账龄区间设置

③ 同理，进行逾期账龄区间设置。

提示：

- 序号由系统自动生成，不能修改和删除。总天数直接输入截至该区间的账龄总大数。
- 最后一个区间不能修改和删除。

(4) 报警级别设置　**(微课视频：WK07010204)**

操作步骤：

① 在"初始设置"窗口中，选择"报警级别设置"。

② 在"总比率"栏录入"10"，在"级别名称"栏录入"A"，按 Enter 键。以此方法继续录入其他的总比率和级别，如图 7-7 所示。

图 7-7　报警级别设置

提示：

- 序号由系统自动生成，不能修改和删除。应直接输入该区间的最大比率及级别名称。
- 系统会根据输入的比率自动生成相应的区间。

- 单击"增加"按钮，可以在当前级别之前插入一个级别。插入一个级别后，该级别后的各级别比率会自动调整。
- 删除一个级别后，该级别后的各级比率会自动调整。
- 最后一个级别为某一比率之上，所以在"总比率"栏不能录入比率，否则将不能退出。
- 最后一个比率不能删除，如果录入错误则应先删除上一级比率，再修改最后一级比率。

3. 基础信息设置

本单位开户银行设置。

操作步骤：

① 在企业应用平台基础设置中，执行"基础档案"|"收付结算"|"本单位开户银行"命令，进入"本单位开户银行"窗口。

② 单击"增加"按钮，打开相应对话框，设置本单位开户银行，如图 7-8 所示。

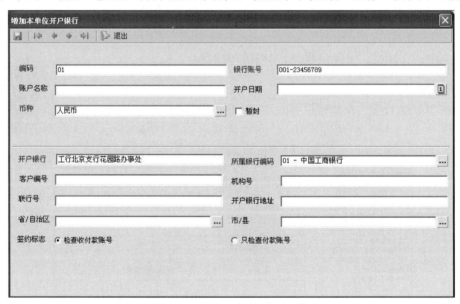

图 7-8 设置本单位开户银行

提示：

- 银行账号必须为 12 位。
- 如果不设置开户银行，在填制销售发票时不能保存。

4．单据编号设置

(1) 单据格式设置 (微课视频：**WK07010401**)

操作步骤：

① 在企业应用平台基础设置中，执行"单据设置"|"单据格式设置"命令，进入"单据格式设置"窗口。

② 从左侧 U8 单据目录分类中展开销售管理→销售专用发票→显示→销售专用发票显示模板，在右侧窗口中选中表头项目"销售类型"，单击"删除"按钮，系统弹出"是否删除当前选择项目"信息提示框，如图 7-9 所示。

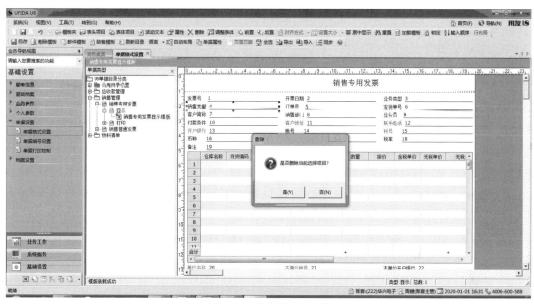

图 7-9 单据格式设置

③ 单击"是"按钮，再单击"保存"按钮。

④ 同理，删除销售普通发票该表头项目。

(2) 单据编号设置

操作步骤：

① 在企业应用平台的"基础设置"选项卡中，执行"单据设置"|"单据编号设置"命令，打开"单据编号设置"对话框。

② 在"销售管理"单据类型中选择"销售专用发票"，单击"修改" ✎ 按钮，选中"完全手工编号"复选框。单击"保存"按钮，如图 7-10 所示。

③ 同理，设置销售普通发票编号方式为"完全手工编号"。

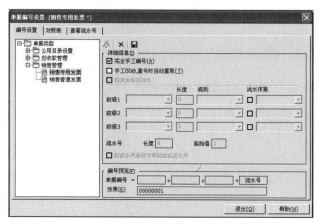

图 7-10 设置单据编号方式

5. 期初数据

(1) 录入销售专用发票 **(微课视频: WK07010501)**

操作步骤:

① 在应收款管理系统中,执行"设置"|"期初余额"命令,打开"期初余额—查询"对话框。单击"确定"按钮,进入"期初余额"窗口。

② 单击"增加"按钮,打开"单据类别"对话框。选择单据名称"销售发票",单据类型"销售专用发票"。单击"确定"按钮,进入"销售专用发票"窗口。

③ 单击"增加"按钮,输入开票日期"2019-11-12"、发票号"78987",客户名称"天益",其他信息自动带出。

④ 选择货物名称"2001 华星";输入数量"2",无税单价"2 800",金额自动算出,单击"保存"按钮,如图 7-11 所示。

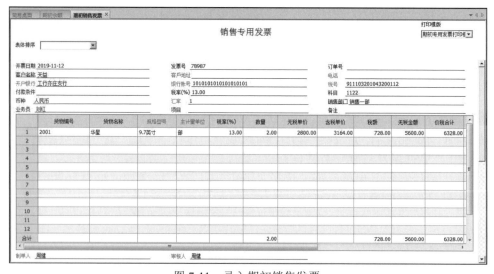

图 7-11 录入期初销售发票

⑤ 同理，录入其他销售专用发票。

![提示图标] **提示：**

- 在初次使用应收款系统时，应将启用应收款系统时未处理完的所有客户的应收账款、预收账款、应收票据等数据录入本系统。当进入第二年度时，系统自动将上年度未处理完的单据转为下一年度的期初余额。在下一年度的第一会计期间里，可以进行期初余额的调整。
- 如果退出了录入期初余额的单据，在"期初余额明细表"窗口中并没有看到新录入的期初余额，应单击"刷新"按钮，就可以列示出所有的期初余额的内容。
- 在录入期初余额时一定要注意期初余额的会计科目，应收款系统的期初余额应与总账进行对账，如果科目错误将会导致对账错误。
- 如果并未设置允许修改销售专用发票的编号，则在填制销售专用发票时不允许修改销售专用发票的编号。其他单据的编号也一样，系统默认的状态为不允许修改。

(2) 录入其他应收单 **(微课视频：WK07010502)**

操作步骤：

① 在"期初余额"窗口，单击"增加"按钮，打开"单据类别"对话框。

② 选择单据名称"应收单"，单据类型"其他应收单"，单击"确定"按钮，进入"应收单"窗口。

③ 单击"增加"按钮，录入应收信息，如图 7-12 所示。

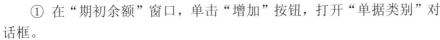

图 7-12　录入期初应收单

🖐 **提示：**

● 在录入应收单时只需录入表格上半部分的内容，表格下半部分的内容由系统自动生成。

● 应收单中的会计科目必须录入正确，否则将无法与总账进行对账。

(3) 录入预收款单 **(微课视频：WK07010503)**

操作步骤：

① 在期初余额明细表界面，单击"增加"按钮，打开"单据类别"对话框。

② 单击"单据名称"栏的下三角按钮，选择"预收款"选项，如图 7-13 所示。

图 7-13 选择单据名称

③ 单击"确定"按钮，打开"收款单"窗口。

④ 修改日期为"2019-11-26"；在"客户"栏选择"伟达"；在"结算方式"栏选择"电汇"；在"金额"栏录入"30 000"；在收款单下半部分中的"科目"栏录入"2203"，或单击"科目"栏的参照按钮，选择"2203 预收账款"，如图 7-14 所示。

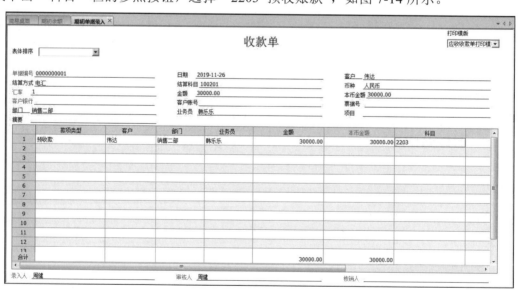

图 7-14 录入期初预收款

⑤ 单击"保存"按钮，再单击"退出"按钮退出。

 提示:

录入预收款的单据类型仍然是"收款单"，但是款项类型为"预收款"。

(4) 期初对账　**(微课视频：WK07010504)**

操作步骤:

① 在"期初余额明细表"窗口中，单击"对账"按钮，进入"期初对账"窗口，如图 7-15 所示。

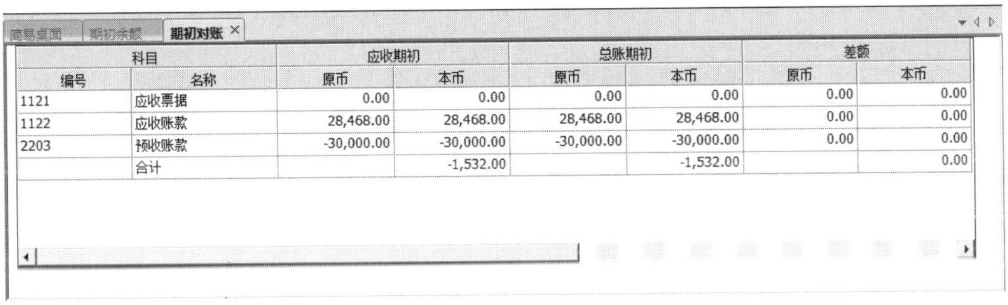

科目		应收期初		总账期初		差额	
编号	名称	原币	本币	原币	本币	原币	本币
1121	应收票据	0.00	0.00	0.00	0.00	0.00	0.00
1122	应收账款	28,468.00	28,468.00	28,468.00	28,468.00	0.00	0.00
2203	预收账款	-30,000.00	-30,000.00	-30,000.00	-30,000.00	0.00	0.00
	合计		-1,532.00		-1,532.00		0.00

图 7-15　期初对账

② 查看应收系统与总账系统的期初余额是否平衡。

提示:

- 当完成全部应收款期初余额录入后，应通过"对账"功能将应收系统期初余额与总账系统期初余额进行核对。
- 应收系统与总账系统的期初余额的差额应为零，即两个系统的客户往来科目的期初余额应完全一致。
- 当第一个会计期已结账后，期初余额只能查询不能修改。

6. 备份账套(略)

全部实验完成后，将账套输出至"7-1 应收款初始化"文件夹中。

实验二　单据处理与票据处理

🔊 实验准备

引入"7-1 应收款初始化"账套数据。

实验要求

以账套主管"001 周健"的身份进行单据处理和票据处理操作,包括:录入应收单据、收款单据、商业承兑汇票;修改应收单据、收款单据;删除应收单据;核销收款单据;审核应收单据、收款单据并制单;商业承兑汇票贴现并制单;商业承兑汇票结算并制单。

实验资料

华兴电子 2020 年 1 月发生如下经济业务。

1. 1 月 2 日,收到明兴公司签发并承兑的商业承兑汇票一张(No.345612),面值为 5 000 元,到期日为 2020 年 3 月 2 日,用以支付前欠部分货款。

2. 1 月 3 日,向天益公司销售华星电子产品 20 个,无税单价为 2 800 元,增值税税率为 13%(销售专用发票号码:5678988)。

3. 1 月 3 日,收到天益公司的银行承兑汇票一张(No.367809),面值为 63 280 元,到期日为 2020 年 1 月 23 日,用以支付上笔货款。

4. 1 月 6 日,向上海邦立公司销售华晨平板电脑 10 个,无税单价为 2 200 元,增值税税率为 13%(销售专用发票号码:5678901)。以现金代垫运费 120 元。

5. 1 月 8 日,发现 2020 年 1 月 6 日向上海邦立公司销售的华晨平板电脑无税单价为 2 150 元,修改销售专用发票信息。

6. 1 月 12 日,收到银行通知,收到上海邦立公司以电汇方式支付购买华晨平板电脑 10 个的货税款及代垫运费款 24 415 元。

7. 1 月 12 日,向陕西光华公司销售华卫智能电话 50 部,无税单价 1 100 元,开具销售普通发票,发票号 2018101。

8. 1 月 15 日,发现 2020 年 1 月 12 日所填制的收到上海邦立公司购买华晨平板电脑 10 个的货税款及代垫运费款 24 415 元实为 25 000 元,其中 24 415 元用于归还货税款,余款作为预收款。

9. 1 月 15 日,审核以上应收单据并制单。

10. 1 月 15 日,审核以上收款单据、核销应收并制单。

11. 1 月 23 日,将 2020 年 1 月 3 日收到的天益公司的银行承兑汇票(No.367809)进行结算。

12. 1 月 23 日,将 2020 年 1 月 2 日收到的明兴公司签发并承兑的商业承兑汇票(No.345612)送到银行贴现,贴现率为 6%。

13. 备份账套。

实验指导

1. 业务 1 (微课视频: WK070201)

操作步骤:

① 在应收款管理系统中,执行"票据管理"命令,打开"查询条件选择"对话框。单击"确定"按钮,进入"票据管理"窗口。

② 单击"增加"按钮,进入"商业汇票"窗口。按业务资料输入各项信息,单击"保存"按钮,如图 7-16 所示。

图 7-16　填制商业承兑汇票

提示:

- 保存一张商业票据之后,系统会自动生成一张收款单。这张收款单还需经过审核之后才能生成记账凭证。
- 由票据生成的收款单不能修改。
- 在"票据管理"功能中可以对商业承兑汇票和银行承兑汇票进行日常业务处理,包括票据的填制、结算、贴现、背书、转出、计息等。
- 商业承兑汇票不能有承兑银行,银行承兑汇票必须有承兑银行。

2. 业务 2 (微课视频: WK070202)

操作步骤:

① 在应收款管理系统中,执行"应收单据处理"|"应收单据录入"命令,打开"单据类别"对话框。

② 确认"单据名称"栏为"销售发票","单据类型"栏为"销售专用发票"后，单击"确定"按钮，进入"销售发票"窗口。

③ 单击"增加"按钮，录入发票号"5678988"，修改开票日期为"2020-01-03"。

④ 录入发票其他相关信息，完成后如图 7-17 所示。

图 7-17　第 2 笔销售业务

提示：

- 销售发票与应收单是应收款管理系统日常核算的单据。如果应收款系统与销售系统集成使用，销售发票和代垫费用在销售管理系统中录入，在应收系统中可以对这些单据进行查询、核销、制单等操作。此时应收系统需要录入的只限于应收单。

- 如果企业没有使用销售系统，则所有发票和应收单均需在应收系统中录入。

- 在不启用供应链的情况下，在应收款系统中只能对销售业务的资金流进行会计核算，即可以进行应收款、已收款及收入实现情况的核算；而其物流的核算，即存货出库成本的核算还需在总账系统中手工进行结转。

3. 业务 3 (微课视频：**WK070203**)

操作步骤：

① 在应收款管理系统中，执行"票据管理"命令，打开"查询条件选择"对话框。单击"确定"按钮，进入"票据管理"窗口。

② 单击"增加"按钮，进入"商业汇票"窗口。按业务资料输入各项信息，单击"保存"按钮，如图 7-18 所示。

图 7-18　填制银行承兑汇票

✎ **提示:**

银行承兑汇票必须有承兑银行，否则单据不能保存。

4. 业务 4　(微课视频: **WK070204**)

填制销售专用发票步骤略。

填制应收单操作步骤:

① 在应收款管理系统中，执行"应收单据处理"|"应收单据录入"命令，打开"单据类别"对话框。单击"单据名称"栏的下三角按钮，选择"应收单"，单击"确定"按钮，进入"应收单"窗口。

② 单击"增加"按钮，修改单据日期为"2020-01-06"；客户选择"邦立"；在"金额"栏录入"120"，在"摘要"栏录入"代垫运费"；在下半部分的"对应科目"栏录入"1001"，如图 7-19 所示。

✎ **提示:**

- 在填制应收单时，只需录入上半部分的内容，下半部分的内容除对方科目外均由系统自动生成。下半部分的对方科目如果不录入可以在生成凭证后再手工录入。
- 应收单和销售发票一样可以在保存后直接审核，也可以在"应收单据审核"功能中进行审核。如果直接审核系统会提问是否立即制单，如果在审核功能中审核则只能到制单功能中制单。

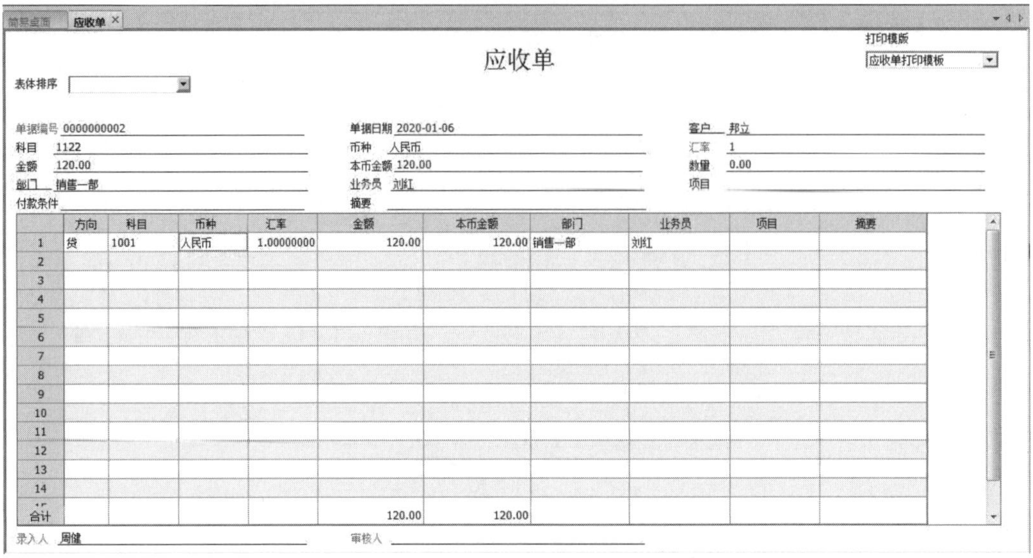

图 7-19　运费填制应收单

5. 业务5　(微课视频：WK070205)

操作步骤：

① 在应收款管理系统中，执行"应收单据处理"|"应收单据录入"命令，打开"单据类别"对话框。

② 单击"确定"按钮，打开"销售专用发票"窗口。

③ 单击"➡"末张按钮，找到"5678901"号销售专用发票。

④ 单击"修改"按钮，将无税单价修改为"2 150"，单击"保存"按钮。

6. 业务6　(微课视频：WK070206)

操作步骤：

① 在应收款管理系统中，执行"收款单据处理"|"收款单据录入"命令，进入"收付款单录入"窗口。

② 单击"增加"按钮。输入相关信息后，单击"保存"按钮，如图 7-20 所示。

✎ **提示：**
- 单击"保存"按钮后，系统会自动生成收款单表体的内容。
- 表体中的款项类型系统默认为"应收款"，可以修改。款项类型还包括"预收款"和"其他费用"。
- 若一张收款单中，表头客户与表体客户不同，则视表体客户的款项为代付款。
- 在填制收款单后，可以直接单击"核销"按钮进行单据核销的操作。
- 如果是退款给客户，则可以单击"切换"按钮，填制红字收款单。

图 7-20 填制收款单

7. 业务 7 (微课视频：WK070207)

操作步骤：

① 在应收款管理系统中，执行"应收单据处理"|"应收单据录入"命令，打开"单据类别"对话框。

② 选择单据类型为"销售普通发票"，单击"确定"按钮，进入"销售普通发票"窗口。

③ 按业务资料输入各项信息并保存，如图 7-21 所示。

图 7-21 填制销售普通发票

8. 业务 8 (微课视频：WK070208)

① 在应收款管理系统中，执行"收款单据处理"|"收款单据录入"命令，进入"收款单"窗口。

② 单击"➡|"末张按钮，找到要修改的收款单。单击"修改"按钮，将表头中的金额修改为"25 000"。在表体第2行中单击款项类型，选择"预收款"，该行其他内容由系统自动生成，如图7-22所示。

图 7-22　收款单部分为应收款，部分形成预收

③ 单击"保存"按钮，再单击"退出"按钮退出。

9. 业务9

(1) 审核应收单据　**(微课视频：WK07020901)**

操作步骤:

① 在应收款管理系统中，执行"应收单据处理"|"应收单据审核"命令，打开"应收单查询条件"对话框。

② 单击"确定"按钮，进入"应收单据列表"窗口。

③ 单击"全选"按钮，如图7-23所示。

图 7-23　应收单据列表

④ 单击"审核"按钮，系统提示"本次审核成功单据4张"。

⑤ 单击"确定"按钮，再单击"关闭"按钮退出。

(2) 应收单据制单 **(微课视频：WK07020902)**

操作步骤：

① 在应收款管理系统中，执行"制单处理"命令，打开"制单查询"对话框。

② 选中"发票制单"和"应收单制单"复选框，如图 7-24 所示。

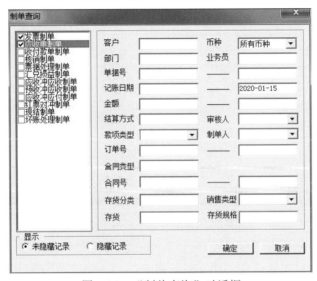

图 7-24 "制单查询"对话框

③ 单击"确定"按钮，进入"制单"窗口。

④ 单击"全选"按钮，单击"凭证类别"栏的下三角按钮，选择"转账凭证"，如图 7-25 所示。

图 7-25 "制单"窗口

⑤ 单击"制单"按钮，生成第1张转账凭证。修改相关信息后，单击"保存"按钮，如图 7-26 所示。

⑥ 单击"下张"按钮，依次保存其他凭证。

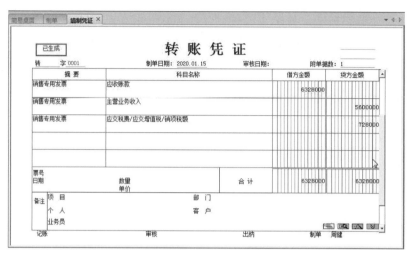

图 7-26　销售专用发票生成凭证

提示：

- 在"制单查询"对话框中，系统已默认制单内容为"发票制单"，如果需要选中其他内容制单，可以选中要制单内容前的复选框。
- 在以上例子中，由应收单所生成的凭证，其贷方是"现金"或"银行存款"，则应修改凭证类别为"付款凭证"，否则系统将不予保存。
- 凭证一经保存就传递到总账系统，再在总账系统中进行审核和记账等。

10. 业务 10

(1) 审核收款单据　(微课视频：WK07021001)

操作步骤：

① 在应收款管理系统中，执行"收款单据处理"|"收款单据审核"命令，打开"收款单查询条件"对话框。

② 单击"确定"按钮，进入"收付款单列表"窗口。

③ 单击"全选"按钮，再单击"审核"按钮，系统提示"本次审核成功单据 3 张"。

④ 单击"确定"按钮，如图 7-27 所示。单击"关闭"按钮退出。

图 7-27　审核收款单

(2) 核销应收款 **(微课视频: WK07021002)**

操作步骤:

① 在应收款管理系统中,执行"核销处理"|"手工核销"命令,打开"核销条件"对话框。

② 选择客户"邦立",单击"确定"按钮,进入"单据核销"窗口。

③ 将窗口上方款项类型为"应收款"的收款单的"本次结算金额"栏的数据修改为"24 415",在窗口下方的"本次结算"栏的第 1 行录入"120",在第 2 行录入"24 295",如图 7-28 所示。

单据日期	单据类型	单据编号	客户	款项类型	结算方式	币种	汇率	原币金额	原币余额	本次结算金额	订单号
2020-01-12	收款单	0000000004	邦立	应收款	电汇	人民币	1.00000000	24,415.00	24,415.00	24,415.00	
2020-01-12	收款单	0000000004	邦立	预收款	电汇	人民币	1.00000000	585.00	585.00		
合计								25,000.00	25,000.00	24,415.00	

单据类型	单据编号	到期日	客户	币种	原币金额	原币余额	可享受折扣	本次折扣	本次结算	订单号	凭证号
其他应收单	0000000002	2020-01-06	邦立	人民币	120.00	120.00	0.00	0.00	120.00		付-0001
销售专用发票	5678901	2020-01-06	邦立	人民币	24,295.00	24,295.00	0.00	0.00	24,295.00		转-0002
					24,415.00	24,415.00	0.00		24,415.00		

图 7-28 收款单核销应收款

④ 单击"保存"按钮。关闭单据核销窗口。

⑤ 同理,对"明兴"公司和"天益"公司的应收款进行核销。

提示:

- 在保存核销内容后,"单据核销"窗口中将不再显示已被核销的内容。
- 窗口上方的结算单列表显示的是款项类型为应收款和预收款的记录,而款项类型为其他费用的记录不允许在此作为核销记录。
- 核销时,结算单列表中款项类型为应收款的记录默认本次结算金额为该记录上的原币金额;款项类型为预收款的记录默认的本次结算金额为空。核销时可以修改本次结算金额,但是不能大于该记录的原币金额。
- 在结算单列表中,单击"分摊"按钮,系统将当前结算单列表中的本次结算金额合计自动分摊到被核销单据列表的"本次结算"栏中。核销顺序依据被核销单据的排序顺序。
- 手工核销时一次只能显示一个客户的单据记录,且结算单列表根据表体记录明细显示。当结算单有代付处理时,只显示当前所选客户的记录。若需要对代付款进行处理,则需要在过滤条件中输入该代付单位,进行核销。
- 一次只能对一种结算单类型进行核销,即手工核销的情况下需要将收款单和付款单分开核销。

- 手工核销保存时,若结算单列表的本次结算金额大于或小于被核销单据列表的本次结算金额合计,系统将提示结算金额不相等,不能保存。
- 若发票中同时存在红蓝记录,则核销时先进行单据的内部对冲。
- 如果核销后未进行其他处理,可以在期末处理中的"取消操作"功能中取消核销操作。

(3) 收款单制单 (微课视频: **WK07021003**)

操作步骤:

① 在应收款管理系统中,执行"制单处理"命令,打开"制单查询"对话框。

② 在"制单查询"对话框中,选中"收付款单制单"选项,单击"确定"按钮,进入"收付款单制单"窗口,如图 7-29 所示。

收付款单制单

选择标志	凭证类别	单据类型	单据号	日期	客户编码	客户名称	部门	业务员	金额
	收款凭证	收款单	0000000002	2020-01-02	04	上海明…	销售一部	刘红	5,000.00
	收款凭证	收款单	0000000003	2020-01-03	01	北京天…	销售一部	刘红	63,280.00
	收款凭证	收款单	0000000004	2020-01-12	03	上海邦…	销售一部	刘红	25,000.00

凭证类别:收款凭证 制单日期:2020-01-15 共 3 条

图 7-29 "收付款单制单"窗口

③ 单击"全选"按钮,再单击"制单"按钮,生成转账凭证。单击"保存"按钮,生成的票据凭证如图 7-30 所示。

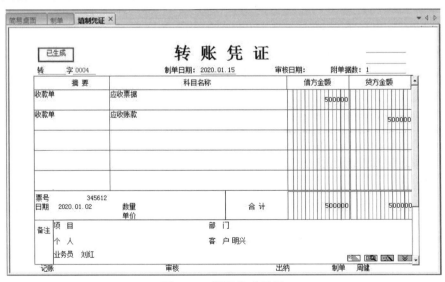

图 7-30 票据生成凭证

④ 单击"下张"按钮，继续生成其他凭证，收款单生成的凭证如图 7-31 所示。

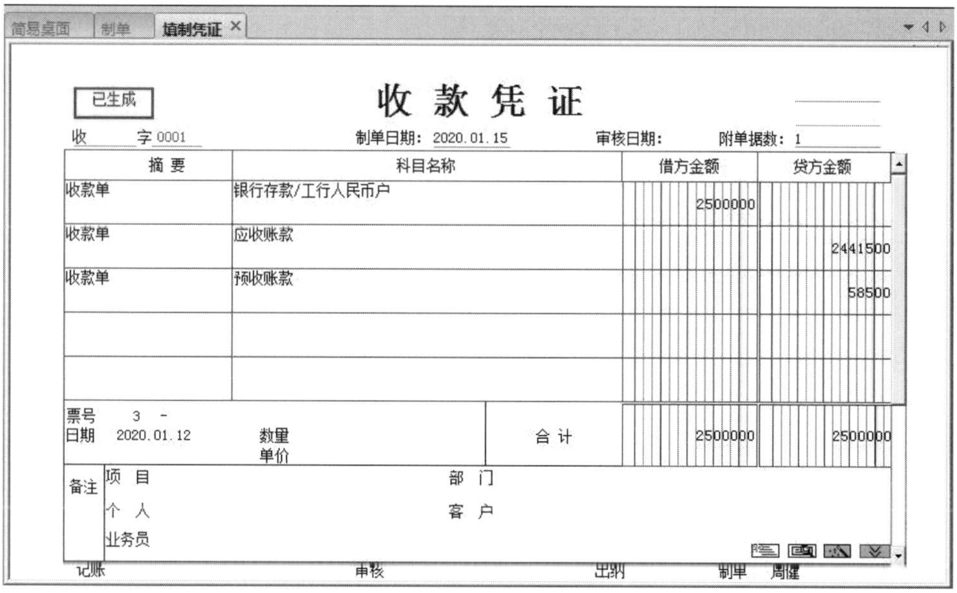

| 简易桌面 | 制单 | 填制凭证 × | | | ▼ ◀ ▷ |

收 款 凭 证

已生成

收　字 0001　　　　　制单日期：2020.01.15　　　审核日期：　　附单据数：1

摘　要	科目名称	借方金额	贷方金额
收款单	银行存款/工行人民币户	2500000	
收款单	应收账款		2441500
收款单	预收账款		58500

票号　　3 -
日期　2020.01.12　　数量　　　　　　合　计　　2500000　　2500000
　　　　　　　　　　　单价

备注　项　目　　　　　　　　部　门
　　　个　人　　　　　　　　客　户
　　　业务员

记账　　　　　　　审核　　　　　　　出纳　　　　　　制单　周瞿

图 7-31　收款单生成凭证

11. 业务 11 (微课视频：WK070211)

操作步骤：

① 在"票据管理"窗口中，单击选中 2020 年 1 月 3 日填制的收到
天益公司的银行承兑汇票(No.367809)。

② 单击"结算"按钮，打开"票据结算"对话框。修改结算日期为"2020-01-23"，
录入结算金额为"63 280"；在"结算科目"栏录入"100201"，如图 7-32 所示。

票据结算		✕
结算日期	2020-01-23	
结算金额	63,280.00	
利息		
费用		
汇率	1	
结算科目	100201	...
托收单位		▼

确定　　　取消

图 7-32　设置票据结算信息

③ 单击"确定"按钮，出现"是否立即制单"信息提示。

④ 单击"是"按钮，生成结算的记账凭证，单击"保存"按钮，结果如图 7-33 所示。

⑤ 单击"关闭"按钮退出。

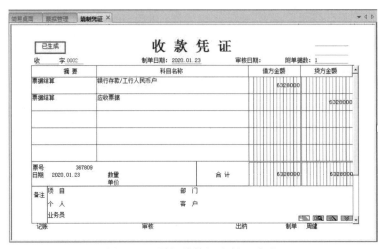

图 7-33 票据结算记账凭证生成

 提示:

- 当票据到期持票收款时，执行票据结算处理。
- 进行票据结算时，结算金额是通过结算实际收到的金额。
- 结算金额减去利息加上费用的金额要小于等于票据余额。
- 票据结算后，不能再进行其他与票据相关的处理。

12. 业务 12 (微课视频: WK070212)

操作步骤:

① 在应收款管理系统中，执行"票据管理"命令，打开"票据查询"对话框。单击"确定"按钮，进入"票据管理"窗口。

② 选中 2020 年 1 月 2 日填制的商业承兑汇票，单击"贴现"按钮，打开"票据贴现"对话框。

③ 在"贴现率"栏录入"6"，在"结算科目"栏录入"100201"，如图 7-34 所示。

图 7-34 "票据贴现"对话框

④ 单击"确定"按钮，系统弹出"是否立即制单？"信息提示框。

⑤ 单击"是"按钮，生成贴现的记账凭证，单击"保存"按钮，如图 7-35 所示。

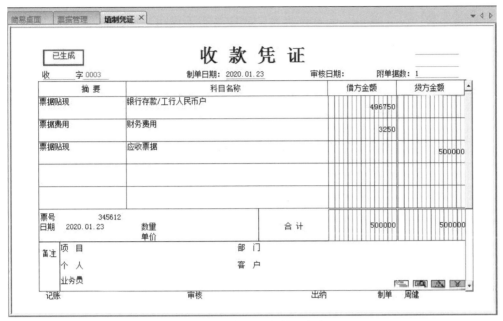

图 7-35　贴现记账凭证生成

提示:

● 如果贴现净额大于余额，系统自动将其差额作为利息，不能修改；如果贴现净额小于票据余额，系统自动将其差额作为费用，不能修改。

● 票据贴现后，将不能对其进行其他处理。

13. 备份账套(略)

全部实验完成后，将账套输出至"7-2 单据处理与票据处理"文件夹中。

实验三　转账处理、坏账处理及查询

实验准备

引入"7-2 单据处理与票据管理"账套数据。

实验要求

以账套主管"001 周健"的身份进行应收业务处理操作，包括转账处理、坏账处理及相关账表查询。

实验资料

1. 应收冲应收

2020 年 1 月 28 日，经三方同意将"天益公司"期初 6 328 元货款转为向伟达公司的应收账款。

2. 预收冲应收

2020 年 1 月 28 日，经双方同意，将转入伟达公司的 6 328 元应收款用伟达公司预收款冲抵。

3. 红票对冲

2020 年 1 月 28 日，经双方商议，将期初余额中应向明兴公司收取的运费 218 元用红票冲抵。

4. 坏账发生

2020 年 1 月 30 日，将应向大地公司收取的期初应收账款 12 430 元转为坏账。

5. 坏账收回

2020 年 1 月 31 日，收到银行通知(电汇)，收回已作为坏账处理的应向大地公司收取的应收账款 12 430 元。

6. 计提坏账准备

2020 年 1 月 31 日，计提坏账准备。

7. 查询应收核销明细表

8. 应收账龄分析

9. 月末结账

10. 账套备份

实验指导

1. 业务1——应收冲应收　(微课视频：WK070301)

操作步骤：

① 在应收款管理系统中，执行"转账"|"应收冲应收"命令，进入"应收冲应收"窗口。

② 输入日期"2020-01-28"；选择转出客户"天益"，转入客户"伟达"。

③ 单击"查询"按钮。系统列出转出户"天益"未核销的应收款。

④ 在 2019-11-12 日期销售专用发票的并账金额处输入"6 328"，如图 7-36 所示。

图 7-36　应收冲应收

⑤ 单击"保存"按钮，系统弹出提示"是否立即制单？"，单击"是"按钮，生成凭证。

借：应收账款　　-6 328

借：应收账款　　 6 328

⑥ 保存后单击"关闭"按钮退出。

2. 业务 2——预收冲应收　(微课视频：WK070302)

操作步骤：

① 在应收款管理系统中，执行"转账"|"预收冲应收"命令，进入"预收冲应收"窗口。

② 单击"预收款"选项卡，选择客户"伟达"。单击"过滤"按钮，系统列出该客户的预收款，输入转账金额"6 328"，如图 7-37 所示。

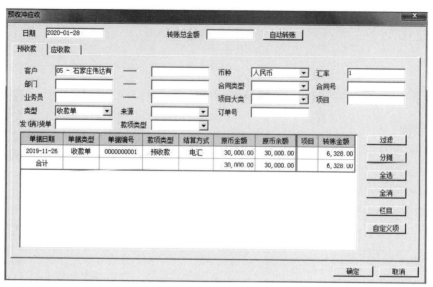

图 7-37　预收冲应收—预收款

③ 单击"应收款"选项卡，单击"过滤"按钮，系统列出该客户的应收款，在期初销售专用发票一行输入应收转账金额"6 328"，如图 7-38 所示。

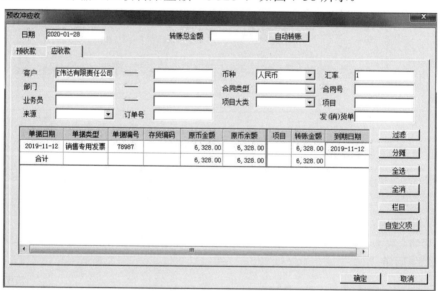

图 7-38　预收冲应收—应收款

④ 单击"确定"按钮，系统弹出提示"是否立即制单？"。单击"是"按钮，生成凭证，如图 7-39 所示。

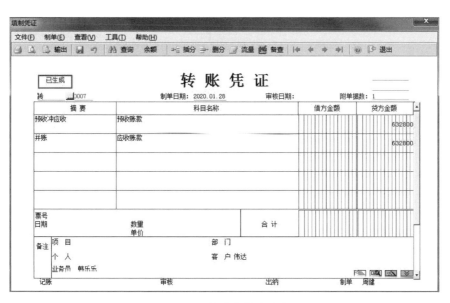

图 7-39　预收冲应收生成凭证

✏️ **提示：**

● 每一笔应收款的转账金额不能大于其余额。

● 应收款的转账金额合计应该等于预收款的转账金额合计。

3. 业务 3——红票对冲

(1) 填制红字应收单并制单　**(微课视频：WK07030301)**

操作步骤：

① 在应收款管理系统中，执行"应收单据处理"|"应收单据录入"命令，打开"单据类别"对话框。

② 单击"单据名称"栏的下三角按钮，选择"应收单"；单击"方向"栏的下三角按钮，选择"负向"，如图 7-40 所示。单击"确定"按钮，进入红字"应收单"窗口。

③ 单击"增加"按钮，选择客户"明兴"；在"科目"栏录入"1122"，或单击"科目"栏的参照按钮选择"1122应收账款"；在"金额"栏录入"218"，单击"保存"按钮，如图 7-41 所示。

④ 单击"审核"按钮，系统弹出"是否立即制单？"信息提示对话框，单击"是"按钮，生成红字凭证。

图 7-40　设置单据类别

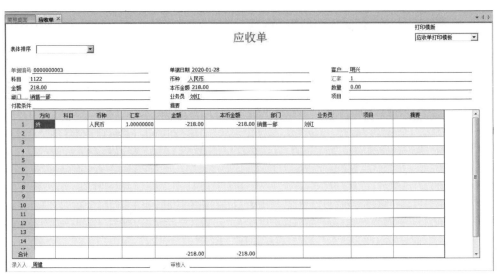

图 7-41　录入红字应收单

⑤ 在红字凭证的第二行"科目名称"栏录入"1001",单击"保存"按钮,结果如图 7-42 所示。

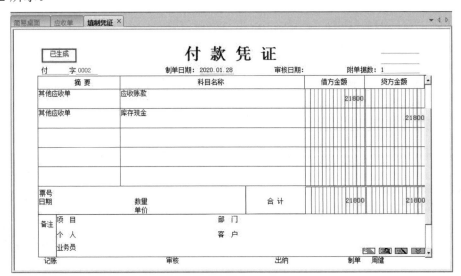

图 7-42　红字付款凭证生成

⑥ 单击"关闭"按钮退出。

(2) 红票对冲

操作步骤:

① 在应收款管理系统中,执行"转账"|"红票对冲"|"手工对冲"命令,打开"红票对冲条件"对话框。

② 在"客户"栏录入"04",或选择"明兴"。单击"确定"按钮,进入"红票对冲"窗口。

③ 在 "2019-11-22" 所在行填制的其他应收单 "对冲金额" 栏中录入 "218"，如图 7-43 所示。

单据日期	单据类型	单据编号	客户	币种	原币金额	原币余额	对冲金额	部门	业务员	合同名称
2020-01-28	其他应收单	0000000003	明兴	人民币	218.00	218.00	218.00	销售一部	刘红	
合计					218.00	218.00	218.00			

单据日期	单据类型	单据编号	客户	币种	原币金额	原币余额	对冲金额	部门	业务员	合同名称
2019-11-16	销售专...	78988	明兴	人民币	9,492.00	4,492.00		销售一部	刘红	
2019-11-22	其他应收单	0000000001	明兴	人民币	218.00	218.00	218.00	销售一部	刘红	
合计					9,710.00	4,710.00	218.00			

图 7-43　设置红票对冲

④ 单击 "保存" 按钮，系统自动将选中的红字应收单和蓝字应收单对冲完毕。单击 "关闭" 按钮退出。

提示：

- 红票对冲可以实现客户的红字应收单据与其蓝字应收单据、收款单与付款单之间进行冲抵的操作。可以自动对冲或手工对冲。
- 自动对冲可以同时对多个客户依据对冲原则进行红票对冲，提高红票对冲的效率。
- 手工对冲只能对一个客户进行红票对冲，可以自行选择红票对冲的单据，提高红票对冲的灵活性。

4. 业务 4——坏账发生　(微课视频：WK070304)

操作步骤：

① 在应收款管理系统中，执行 "坏账处理" | "坏账发生" 命令，打开 "坏账发生" 对话框。选择客户 "大地"；单击 "确定" 按钮，进入 "发生坏账损失" 窗口，系统列出该客户所有未核销的应收单据。

② 在 2019-11-22 日 "本次发生坏账金额" 处输入 "12 430"，如图 7-44 所示。

坏账发生单据明细

单据类型	单据编号	单据日期	合同号	合同名称	到期日	余　额	部　门	业务员	本次发生坏账金额
销售专用发票	78989	2019-11-22			2019-11-22	12,430.00	销售一部	刘红	12430
合　计						12,430.00			12,430.00

图 7-44　坏账发生

③ 单击"OK 确认"按钮，系统弹出提示"是否立即制单？"，单击"是"按钮，生成凭证，如图 7-45 所示。

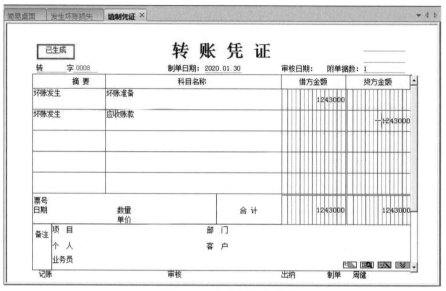

图 7-45 发生坏账生成凭证

提示:

本次坏账发生金额只能小于等于单据余额。

5. 业务 5——收回坏账

(1) 填制收款单

操作步骤:

① 在应收款管理系统中，执行"收款单据处理"|"收款单据录入"命令，进入"收款单"窗口。

② 单击"增加"按钮。选择客户"大地"，结算方式"电汇"；在"金额"栏录入"12 430"，在"摘要"栏录入"已做坏账处理的应收款又收回"。

③ 单击"保存"按钮，如图 7-46 所示。

(2) 坏账收回处理

操作步骤:

① 在应收款管理系统中，执行"坏账处理"|"坏账收回"命令，打开"坏账收回"对话框。

② 选择客户"大地"；单击"结算单号"栏的参照按钮，选择相应的结算单，如图 7-47 所示。

图 7-46　收款单

图 7-47　设置坏账收回信息

③ 单击"确定"按钮，系统提示"是否立即制单？"，单击"是"按钮，生成一张
收款凭证，单击"保存"按钮，如图 7-48 所示。

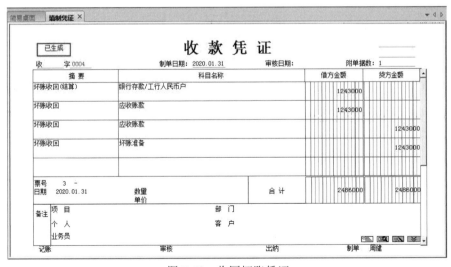

图 7-48　收回坏账凭证

✎ **提示:**

- 在录入一笔坏账收回的款项时，应该注意不要把该客户的其他收款业务与该笔坏账收回业务录入一张收款单中。
- 坏账收回时制单不受系统选项中"方向相反分录是否合并"选项的控制。

6. 业务 6──计提坏账准备　(微课视频：WK070306)

操作步骤:

① 在应收款管理系统中，执行"坏账处理"|"计提坏账准备"命令，进入"应收账款百分比法"窗口。

② 系统根据应收账款总额、计提比率、坏账准备初始设置情况自动算出本次计提金额，如图 7-49 所示。

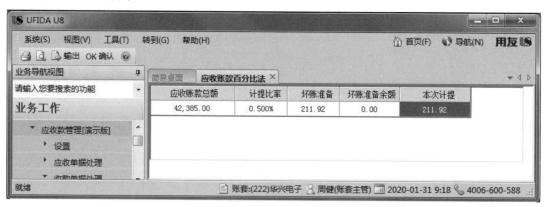

图 7-49　计提坏账准备

③ 单击"OK 确认"按钮，系统弹出提示"是否立即制单？"，单击"是"按钮，生成凭证。

借：资产减值损失　　211.92

　　贷：坏账准备　　　　211.92

7. 查看应收核销明细表　(微课视频：WK070307)

操作步骤:

① 在应收款管理系统中，执行"单据查询"|"应收核销明细表"命令，打开"查询条件选择"对话框。

② 单击"确定"按钮，进入"应收核销明细表"窗口进行查看，如图 7-50 所示。

图 7-50 应收核销明细表

8. 应收账龄分析 (微课视频：WK070308)

操作步骤：

① 在应收款管理系统中，执行"账表管理"|"统计分析"|"应收账龄分析"命令，打开"查询条件选择"对话框。

② 单击"确定"按钮，进入"应收账龄分析"窗口，如图 7-51 所示。

图 7-51 应收账龄分析

✎ **提示：**

在统计分析功能中，可以按定义的账龄区间，进行一定期间内应收款账龄分析、收款账龄分析、往来账龄分析，了解各个客户应收款周转天数、周转率，了解各个账龄区间内应收款、收款及往来情况，能及时发现问题，加强对往来款项动态的监督管理。

9. 月末结账 (微课视频：WK070309)

操作步骤：

① 执行"期末处理"|"月末结账"命令，打开"月末处理"对话框。

② 双击 1 月的结账标志栏。单击"下一步"按钮，屏幕显示各处理类型的处理情况。

③ 在处理情况都是"是"的情况下，单击"完成"按钮，结账后，系统弹出提示"1 月份结账成功"，如图 7-52 所示。

图 7-52 月末结账

④ 单击"确定"按钮。系统在 1 月份的"结账标志"栏中标识"已结账"字样。

提示：

● 如果当月业务已经全部处理完毕，应进行月末结账。只有当月结账后，才能开始下月的工作。

● 进行月末处理时，一次只能选择一个月进行结账，若前一个月未结账，则本月不能结账。

● 在执行月末结账后，该月将不能再进行任何处理。

10. 账套备份(略)

全部完成后，将账套输出至"7-3 转账处理、坏账处理及其他"文件夹中。

探究与挑战

1. 如何利用 U8 系统从事前、事中、事后三个阶段加强企业应收账款管理？给出解决方案并验证。

2. 在什么情况下会用到"产品科目设置"？请举例说明。

第8章

应付款管理系统

功能概述

应付款管理系统主要实现企业与供应商之间业务往来账款的核算与管理。在应付款管理系统中，以采购发票、其他应付单等原始单据为依据，记录采购业务及其他业务所形成的往来款项，处理应付款项的支付和转账等情况，提供票据处理的功能，实现对应付款的管理。根据对供应商往来款项的核算和管理的程度不同，系统提供了"详细核算"和"简单核算"两种应用方案。不同的应用方案，其系统功能、产品接口及操作流程等均不相同。

详细核算应用方案的功能主要包括记录应付款项的形成(包括由商品交易和非商品交易所形成的所有的应付项目)、处理应付项目的付款及转账情况、对应付票据进行记录和管理、随应付项目的处理过程自动生成凭证并传递给总账系统、对外币业务及汇兑损益进行处理，以及提供针对不同条件的各种查询和分析。

简单核算应用方案的功能主要包括接收采购系统的发票并对其进行审核，以及对采购发票进行制单处理并传递给总账系统。

实验目的与要求

系统地学习应付款管理系统初始化的一般方法，及日常业务处理的主要内容和操作方法。要求掌握应付款系统与总账系统组合时应付款系统的基本功能和操作方法，熟悉应付款系统账簿查询的作用和基本方法。

教学建议

应付款系统的功能较为全面，而由于不同功能模块的组合将会使应付款系统的功能实现方式有所不同，因此，在学习时一定要在掌握应付款系统的基本功能后，再系统地学习不同模块组合时应付款系统录入数据或接收数据的方法及相应的账务处理。

建议本章讲授 4 课时，上机练习 4 课时。

实验一　应付款管理系统初始化

🔊 实验准备

引入"3-1 总账初始化"账套数据，将系统日期更改为"2020-01-01"。

📝 实验要求

由"001 周健"注册进入企业应用平台，启用应付款管理系统，启用日期为"2020-01-01"，进行应付款管理系统初始化设置。

📖 实验资料

1. 选项设置(如表 8-1 所示)

表 8-1　选项设置

选 项 卡	参　数	设 置 要 求
常规	单据审核日期依据	业务日期
凭证	核销生成凭证	否
权限与预警	单据报警	按信用方式提前 7 天进行报警

注：其他选项保持系统默认。

2. 初始设置

(1) 设置科目(如表 8-2 所示)

表 8-2　科目设置

科 目 类 别	设 置 方 式
基本科目设置	应付科目(本币)：2202 应付账款
	预付科目(本币)：1123 预付账款
	采购科目：1401 材料采购
	税金科目：22210101 进项税额
	商业承兑科目和银行承兑科目：2201 应付票据
	票据利息科目、票据费用科目和现金折扣科目：6603 财务费用
结算方式科目设置	现金结算；币种：人民币；科目：1001
	现金支票；币种：人民币；科目：100201
	转账支票；币种：人民币；科目：100201
	电汇；币种：人民币；科目：100201
	银行承兑汇票；币种：人民币；科目：100201
	商业承兑汇票；币种：人民币；科目：100201

(2) 账期内账龄区间设置(如表 8-3 所示)

表 8-3 账期内账龄区间设置

序　号	起　止　天　数	总　天　数
01	0～10	10
02	11～30	30
03	31～60	60
04	61～90	90
05	91 以上	

(3) 逾期账龄区间设置(如表 8-4 所示)

表 8-4 逾期账龄区间设置

序　号	起　止　天　数	总　天　数
01	0～30	30
02	31～60	60
03	61～90	90
04	91～120	120
05	121 以上	

(4) 报警级别设置

A 级时的总比率为 10%，B 级时的总比率为 20%，C 级时的总比率为 30%，D 级时的总比率为 40%，E 级时的总比率为 50%，总比率在 50%以上为 F 级。

3. 基础信息设置

本单位开户银行的编码为"01"；开户银行为"工行北京支行花园路办事处"；银行账号为"001-23456789"。

4. 单据编号设置

设置允许修改采购专用发票和采购普通发票的编号。

5. 期初数据(存货税率均为 13%，开票日期均为 2019 年，如表 8-5 所示)

表 8-5 期初数据

单据名称	方向	开票日期	票号	供应商	销售部门	科目编码	货物名称	数量	无税单价	价税合计
采购专用发票	正向	2019.11.15	18301	无忧	采购部	2202	芯片	80	420	37 968
采购专用发票	正向	2019.11.18	18555	杰信	采购部	2202	机壳	200	45	10 170

（续表）

单据名称	方向	开票日期	票号	供应商	销售部门	科目编码	货物名称	数量	无税单价	价税合计
应付单	正向	2019.11.23		大为	采购部	2202				23 400
付款单	正向	2019.11.23	银行承兑汇票 9901	无忧	采购部	1123				20 000

🖥 实验指导

1. 选项设置　(微课视频：**WK080101**)

操作步骤：

① 在应付款管理系统中，执行"设置"|"选项"命令，打开"账套参数设置"对话框。

② 单击"编辑"按钮，系统提示"选项修改需要重新登录才能生效"，单击"确定"按钮。在"常规""凭证"和"权限与预警"选项卡中按照实验资料完成设置，如图 8-1 所示。

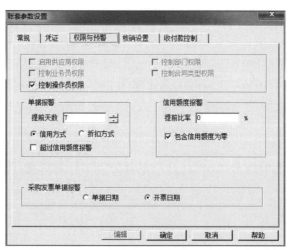

图 8-1　设置选项—权限与预警

③ 单击"确定"按钮。

✍ **提示：**

- 在账套使用过程中可以随时修改账套参数。
- 关于应付账款核算模型，在系统启用时或者还没有进行任何业务处理的情况下才允许从简单核算改为详细核算；但从详细核算改为简单核算随时可以进行。

2. 初始设置

(1) 设置科目　**(微课视频：WK08010201)**

操作步骤：

① 在应付款管理系统中，执行"设置"|"初始设置"命令，进入"初始设置"窗口。

② 选择"基本科目设置"，单击"增加"按钮，按实验资料设置基本科目，如图 8-2 所示。

图 8-2　初始设置—基本科目设置

提示：

- 在"基本科目设置"中设置的应付科目"2202 应付账款"、预付科目"1123 预付账款"及"2201 应付票据"，应在总账系统中设置其辅助核算内容为"供应商往来"，并且其受控系统为"应付系统"，否则在此不能被选中。
- 只有在此设置了基本科目，在生成凭证时才能直接生成凭证中的会计科目，否则凭证中将没有会计科目，相应的会计科目只能手工再录入。
- 如果应付科目、预付科目按不同的供应商或供应商分类分别进行设置，则可在"控制科目设置"中进行设置，在此可以不设置。
- 如果针对不同的存货分别设置采购科目，则在此不用设置，可以在"产品科目设置"中进行设置。

③ 选择"结算方式科目设置"，按实验资料设置结算方式科目。

提示：

结算方式科目设置是针对已经设置的结算方式来设置相应的结算科目，即在收款或付款时只要告诉系统结算时使用的结算方式，就可以由系统自动生成该种结算方式所使用的会计科目。

(2) 设置账期内账龄区间及逾期账龄区间 **(微课视频：WK08010202)**

操作步骤：

① 在"初始设置"窗口中，选择"账期内账龄区间设置"。

② 在"总天数"栏录入"10"，按 Enter 键，再在"总天数"栏录入 "30"后按 Enter 键。以此方法继续录入其他的总天数，如图 8-3 所示。

③ 同理，进行"逾期账龄区间设置"。

图 8-3 账龄区间设置

提示：

- 序号由系统自动生成，不能修改和删除。总天数直接输入截至该区间的账龄总天数。
- 最后一个区间不能修改和删除。

(3) 报警级别设置 **(微课视频：WK08010203)**

操作步骤：

① 在"初始设置"窗口中，选择"报警级别设置"。

② 在"总比率"栏录入"10"，在"级别名称"栏录入"A"，按 Enter 键。以此方法继续录入其他的总比率和级别，如图 8-4 所示。

图 8-4 报警级别设置

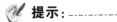提示：
- 序号由系统自动生成，不能修改和删除。应直接输入该区间的最大比率及级别名称。
- 系统会根据输入的比率自动生成相应的区间。
- 单击"增加"按钮，可以在当前级别之前插入一个级别。插入一个级别后，该级别后的各级别比率会自动调整。
- 删除一个级别后，该级别后的各级比率会自动调整。
- 最后一个级别为某一比率之上，所以在"总比率"栏不能录入比率，否则将不能退出。
- 最后一个比率不能删除，如果录入错误则应先删除上一级比率，再修改最后一级比率。

3. 基础信息设置

本单位开户银行设置 **(微课视频：WK080103)**

操作步骤：

① 在企业应用平台的"基础设置"中，执行"基础档案"|"收付结算"|"本单位开户银行信息"命令，进入"本单位开户银行"窗口。

② 单击"增加"按钮，设置本单位开户银行，如图 8-5 所示。

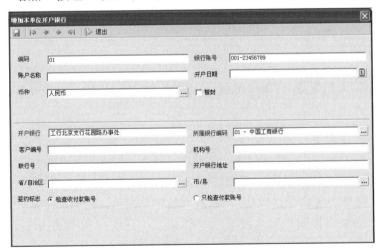

图 8-5 设置本单位开户银行

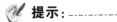提示：
- 银行账号必须为 12 位。
- 如果不设置开户银行，在填制采购发票时不能保存。

4. 单据编号设置 (微课视频：WK080104)

操作步骤：

① 在企业应用平台的"基础设置"选项卡中，执行"单据设置" |
"单据编号设置"命令，打开"单据编号设置"对话框。

② 在"采购管理"单据类型中选择"采购专用发票"，单击"修改"按钮 ，选中
"完全手工编号"复选框，单击"保存"按钮，如图 8-6 所示。

③ 同理，设置采购普通发票编号方式为"完全手工编号"。

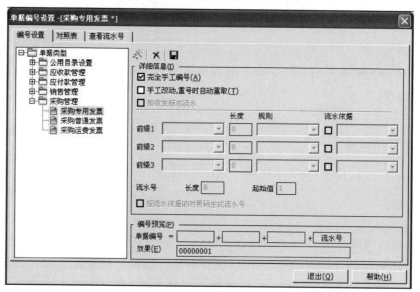

图 8-6 设置单据编号方式

5. 期初数据

(1) 输入采购专用发票 (微课视频：WK08010501)

操作步骤：

① 在应付款管理系统中，执行"设置" | "期初余额"命令，打开
"期初余额—查询"对话框。单击"确定"按钮，进入"期初余额"窗口。

② 单击"增加"按钮，打开"单据类别"对话框。选择单据名称"采
购发票"，单据类型"采购专用发票"，单击"确定"按钮，进入"采购专用发票"窗口。

③ 单击"增加"按钮，输入发票号"18301"、开票日期"2019-11-15"，供应商为
"无忧"，其他信息自动带出。

④ 选择货物名称"1001 芯片"；输入数量"80"、无税单价"420"，金额自动算出；
单击"保存"按钮，如图 8-7 所示。

⑤ 同理，录入其他采购专用发票。

图 8-7　录入期初采购专用发票

提示：

- 在初次使用应付款系统时，应将启用应付款系统时未处理完的所有供应商的应付账款、预付账款、应付票据等数据录入本系统。当进入第二年度时，系统会自动将上一年度未处理完的单据转为下一年度的期初余额。在下一年度的第一会计期间里，可以进行期初余额的调整。
- 如果退出了录入期初余额的单据，在"期初余额明细表"窗口中并没有看到新录入的期初余额，应单击"刷新"按钮，就可以列示出所有的期初余额的内容。
- 如果并未设置允许修改采购专用发票的编号，则在填制采购专用发票时不允许修改采购专用发票的编号。其他单据的编号也一样，系统默认的状态为不允许修改。

(2) 输入其他应付单　**(微课视频：WK08010502)**

操作步骤：

① 在"期初余额"窗口中，单击"增加"按钮，打开"单据类别"对话框。

② 选择单据名称"应付单"，单据类型"其他应付单"，单击"确定"按钮，进入"应付单"窗口。

③ 单击"增加"按钮，输入应付单信息，如图 8-8 所示。

图 8-8 录入期初应付单

提示:

- 在录入应付单时只需录入表格上半部分的内容,表格下半部分的内容由系统自动生成。
- 应付单中的会计科目必须录入正确,否则将无法与总账进行对账。

(3) 录入预付款单 **(微课视频: WK08010503)**

操作步骤:

① 在"期初余额明细表"界面中,单击"增加"按钮,打开"单据类别"对话框。

② 单击"单据名称"栏的下三角按钮,选择"预付款"选项,单击"确定"按钮,打开"付款单"窗口。

③ 单击"增加"按钮,修改日期为"2019-11-23";在"供应商"栏选择"无忧";在"结算方式"栏选择"银行承兑汇票";在"金额"栏录入"20 000";在"票据号"栏录入"9901";在"摘要"栏录入"预付货款";在付款单下半部分中的"科目"栏录入"1123",或单击"科目"栏的参照按钮,选择"1123 预付账款",如图 8-9 所示。

④ 单击"保存"按钮,再单击"退出"按钮退出。

提示:

录入预付款的单据类型仍然是"付款单",但是款项类型为"预付款"。

图 8-9 录入期初预付款

(4) 期初对账 **(微课视频：WK08010504)**

操作步骤：

① 在"期初余额明细表"窗口中，单击"对账"按钮，进入"期初对账"窗口，如图 8-10 所示。

科目		应付期初		总账期初		差额	
编号	名称	原币	本币	原币	本币	原币	本币
1123	预付账款	-20,000.00	-20,000.00	-20,000.00	-20,000.00	0.00	0.00
2201	应付票据	0.00	0.00	0.00	0.00	0.00	0.00
2202	应付账款	71,538.00	71,538.00	71,538.00	71,538.00	0.00	0.00
	合计		51,538.00		51,538.00		0.00

图 8-10 期初对账

② 查看应付系统与总账系统的期初余额是否平衡。

提示：

- 当完成全部应付款期初余额录入后，应通过"对账"功能将应付系统期初余额与总账系统期初余额进行核对。
- 应付系统与总账系统的期初余额的差额应为零，即两个系统的客户往来科目的期初余额应完全一致。
- 当第一个会计期已结账后，期初余额只能查询不能再修改。

6. 备份账套(略)

全部实验完成后,将账套输出至"8-1 应付款初始化"文件夹中。

实验二　单据处理与票据处理

📢 实验准备

引入"8-1 应付款初始化"账套数据。

📖 实验要求

以账套主管"001 周健"的身份进行单据处理与票据处理操作。

📚 实验资料

1. 2020 年 1 月 3 日,向大为公司签发并承兑商业承兑汇票一张(No.56561),用以结算前期欠款。票据面值为 23 400 元,到期日为 2020 年 1 月 23 日。

要求:填制商业承兑汇票、审核付款单、生成凭证并核销应付款。

2. 2020 年 1 月 5 日,从北京无忧公司采购芯片 200 个,原币单价为 420 元,增值税税率为 13%(采购专用发票号码:668800)。

要求:填制采购专用发票、审核并生成凭证。

3. 2020 年 1 月 8 日,从杰信公司采购机壳 500 个,原币单价为 42 元,增值税税率为 13%(采购专用发票号码:668908)。收到物流公司运费专用发票一张(发票号:1881),运费 100 元,税率 9%,价税合计 109 元,用现金支付。

要求:填制采购专用发票,审核并生成凭证;填制运费专用发票,审核并生成凭证;用现金支付运费并核销应付。

4. 2020 年 1 月 10 日,从大为公司采购摄像头 1000 个,原币单价为 78 元,增值税税率为 13%(采购专用发票号码:3451)。

要求:填制采购专用发票、审核并生成凭证。

5. 2020年1月12日,以转账支票向北京无忧公司支付本月5日购买芯片的部分货税款 50 000元。

要求:填制付款单,审核并生成付款凭证;核销部分应付。

6. 2020 年 1 月 15 日,以电汇方式向大为公司支付 100 000 元,核销部分购买摄像头的货税款 88 140 元,余款 11 860 元作为预付款。

要求:填制付款单,审核并生成付款凭证;部分核销应付款,部分形成预付款。

7. 2020 年 1 月 23 日，将 2020 年 1 月 3 日向大为公司签发并承兑的商业承兑汇票 (No. 56561)进行结算。

8. 备份账套。

🖥 实验指导

1. 业务 1

(1) 填制商业承兑汇票　**(微课视频：WK08020101)**

操作步骤：

① 在应付款管理系统中，执行"票据管理"命令，打开"查询条件选择"对话框。单击"确定"按钮，进入"票据管理"窗口。

② 单击"增加"按钮，进入"商业汇票"窗口。按业务资料输入各项信息，单击"保存"按钮，如图 8-11 所示。

图 8-11　填制商业承兑汇票

✏ **提示：** --

- 保存一张商业票据之后，系统会自动生成一张付款单。这张付款单还需经过审核之后才能生成记账凭证。
- 由票据生成的付款单不能修改。
- 在"票据管理"功能中可以对商业承兑汇票和银行承兑汇票进行日常业务处理，包括票据的填制、结算、贴现、背书、转出、计息等。
- 商业承兑汇票不能有承兑银行，银行承兑汇票必须有承兑银行。

----

(2) **审核商业承兑汇票生成的付款单** **(微课视频: WK08020102)**

操作步骤:

① 在应付款管理系统中,执行"付款单据处理"|"付款单据审核"命令,打开"付款单查询条件"对话框。

② 单击"确定"按钮,进入"收付款单列表"窗口。

③ 单击"全选"按钮,再单击"审核"按钮,审核付款单。

(3) **付款单制单** **(微课视频: WK08020103)**

操作步骤:

① 在应付款管理系统中,执行"制单处理"命令,打开"制单查询"对话框。

② 选中"收付款单制单"复选框,单击"确定"按钮,进入"收付款单制单"窗口。

③ 单击"全选"按钮,再单击"制单"按钮,生成记账凭证。

④ 修改凭证类别为"转账凭证",再单击"保存"按钮,结果如图8-12所示。

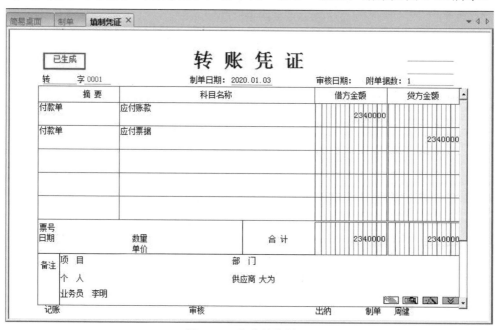

图 8-12 生成转账凭证

(4) **核销应付** **(微课视频: WK08020104)**

操作步骤:

① 在应付款管理系统中,执行"核销处理"|"手工核销"命令,打开"核销条件"对话框。

② 在"供应商"栏中录入"大为",单击"确定"按钮,进入"单据核销"窗口。

③ 在窗口上方的付款单的"本次结算"栏中录入"23 400"，在窗口下方的其他应付单的"本次结算"栏中录入"23 400"，如图 8-13 所示。

④ 单击"保存"按钮，再单击"退出"按钮退出。

图 8-13　核销应付

✎ 提示：

- 在保存核销内容后，"单据核销"窗口中将不再显示已被核销的内容。
- "单据核销"窗口中显示的是款项类型为应付款和预付款的记录，而款项类型为其他费用的记录不允许在此作为核销记录。
- 核销时，款项类型为应付款的记录默认本次结算金额为该记录上的原币金额；款项类型为预付款的记录默认的本次结算金额为空。核销时可以修改本次结算金额，但是不能大于该记录的原币金额。
- 在结算单列表中，单击"分摊"按钮，系统将当前结算单列表中的本次结算金额合计自动分摊到被核销单据列表的"本次结算"栏中。核销顺序依据被核销单据的排序顺序。
- 手工核销时一次只能显示一个供应商的单据记录，且结算单列表根据表体记录明细显示。当结算单有代付处理时，只显示当前所选供应商的记录。
- 一次只能对一种结算单类型进行核销，即手工核销的情况下需要将收款单和付款单分开核销。
- 保存手工核销时，若结算单列表的本次结算金额大于或小于被核销单据列表的本次结算金额合计，系统将提示"结算金额不相等，不能保存"。
- 若发票中同时存在红蓝记录，则核销时先进行单据的内部对冲。
- 如果核销后未进行其他处理，可以在期末处理的"取消操作"功能中取消核销操作。

2. 业务 2 (微课视频: **WK080202**)

操作步骤:

① 在应付款管理系统中,执行"应付单据处理"|"应付单据录入"命令,打开"单据类别"对话框。

② 确认"单据名称"栏为"采购发票","单据类型"栏为"采购专用发票"后,单击"确定"按钮,进入"专用发票"窗口。

③ 单击"增加"按钮,录入发票号为"668800",修改开票日期为"2020-01-05";输入发票其他相关信息,完成后如图 8-14 所示。

<table>
<tr><td colspan="2" align="center">专用发票</td><td align="right">打印模版
专用发票打印模版</td></tr>
</table>

	存货编码	存货名称	规格型号	主计量	数量	原币单价	原币金额	原币税额	原币价税合计	税率	订单号
1	1001	芯片		个	200.00	420.00	84000.00	10920.00	94920.00	13.00	
2											
3											
4											
5											
6											
7											
8											
9											
10											
11											
12											
13											
合计					200.00		84000.00	10920.00	94920.00		

业务类型 ___
开票日期 2020-01-05
采购类型 ___
业务员 李明
发票日期 ___
发票类型 采购专用发票
供应商 无忧
税率 17.00
币种 人民币
付款条件 ___
发票号 668800
代垫单位 无忧
部门名称 采购部
汇率 1
备注 ___

结算日期 2020-01-05   制单人 周健   审核人

图 8-14 填制采购专用发票

提示:

- 采购发票与应付单是应付款管理系统日常核算的单据。如果应付款系统与采购系统集成使用,采购发票在采购管理系统中录入,则在应付系统中可以对这些单据进行查询、核销及制单等操作,此时应付系统需要录入的只限于应付单。

- 如果没有使用采购系统,则所有发票和应付单均需在应付系统中录入。

- 在不启用供应链的情况下,在应付款系统中只能对采购业务的资金流进行会计核算,即可以对应付款、已付款,以及采购情况进行核算;而其物流的核算,即存货入库成本的核算还需在总账系统中手工进行结转。

- 已审核的单据不能修改或删除,已生成凭证或进行过核销的单据在单据界面中不再显示。

● 在录入采购发票后可以直接进行审核，在直接审核后系统会提示"是否立即制单"，此时可以直接制单。如果录入采购发票后不直接审核，则可以在审核功能中审核，再到制单功能中制单。

● 已审核的单据在未进行其他处理之前应取消审核后再进行修改。

④ 单击"审核"按钮，系统弹出"是否立即制单？"信息提示框。

⑤ 单击"是"按钮，生成凭证。修改凭证类别，单击"保存"按钮，如图8-15所示。

图 8-15　采购专用发票生成凭证

3. 业务 3

(1) 填制购买机壳的采购专用发票，审核并生成凭证

操作步骤略。

(2) 填制运费发票、审核并生成凭证　**(微课视频：WK08020302)**

操作步骤：

① 在供应商档案中，增加"物流公司"作为第三方物流统称。录入相关信息如下：供应商编码为"04"；供应商简称为"物流公司"；税率为"9"；属性为"服务"；分管部门为"采购部"；专管业务员为"李明"。

② 在应付款管理系统中，执行"应付单据处理"|"应付单据录入"命令，选择采购专用发票，录入运费相关信息，单击"保存"按钮，如图8-16所示。

图 8-16　运费专用发票

③ 单击"审核"按钮，系统弹出"是否立即制单？"信息提示框。

④ 单击"是"按钮，生成凭证。修改凭证类别，单击"保存"按钮，如图 8-17 所示。

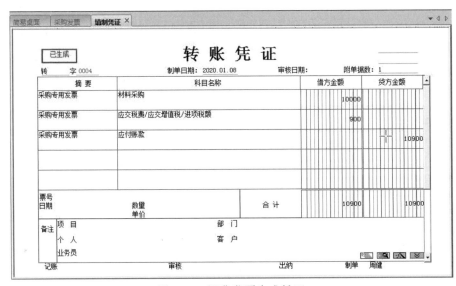

图 8-17　运费发票生成凭证

(3) 用现金支付运费并核销应付　(微课视频：WK08020303)

操作步骤：

① 执行"付款单据处理"|"付款单据录入"命令，进入"付款单"窗口。

② 录入付款单相关信息，单击"保存"按钮后如图 8-18 所示。

图 8-18 付款单

③ 单击"审核"按钮，系统弹出"是否立即制单"信息提示框。

④ 单击"是"按钮，生成付款凭证。

借：应付账款　　109

　　贷：库存现金　　109

(4) 核销应付　(微课视频：WK08020304)

操作步骤：

① 关闭"填制凭证"窗口，在"付款单"窗口中单击"核销"按钮，
打开"核销条件"对话框。

② 单击"确定"按钮，进入"单据核销"窗口。

③ 在窗口下方的采购专用发票"本次结算"栏中输入"109"，如图 8-19 所示。

单据日期	单据类型	单据编号	供应商	款项...	结算方式	币种	汇率	原币金额	原币余额	本次结算	订单号
2020-01-08	付款单	0000000003	物流公司	应付款	现金结算	人民币	1.00000000	109.00	109.00	109.00	
合计								109.00	109.00	109.00	

单据日期	单据类型	单据编号	到期日	供应商	币种	原币金额	原币余额	可享受折扣	本次折扣	本次结算	订单号
2020-01-08	采购专用发票	1881	2020-01-08	物流公司	人民币	109.00	109.00	0.00	0.00	109.00	
合计						109.00	109.00	0.00		109.00	

图 8-19 核销运费

④ 单击"保存"按钮。

4. 业务 4

操作步骤略。

5. 业务 5——填制付款单，审核并生成付款凭证，核销部分应付款 (微课视频：WK080205)

操作步骤：

① 在应付款管理系统中，执行"付款单据处理"|"付款单据录入"命令，进入"付款单"窗口。

② 输入付款单各项信息，单击"保存"按钮。

③ 单击"审核"按钮，系统弹出"是否立即制单"信息提示框。

④ 单击"是"按钮，生成付款凭证。关闭"填制凭证"窗口。

⑤ 在"付款单"窗口中，单击"核销"按钮，打开"单据核销条件"对话框。单击"确定"按钮，进入"单据核销"窗口。

⑥ 在窗口下方的单据编号为"668800"的采购专用发票的本次结算栏中输入"50 000"，如图 8-20 所示。单击"保存"按钮，核销部分应付款。

单据日期	单据类型	单据编号	供应商	款项...	结算方式	币种	汇率	原币金额	原币余额	本次结算	订单号
2020-01-12	付款单	0000000004	无忧	应付款	转账支票	人民币	1.00000000	50,000.00	50,000.00	50,000.00	
合计								50,000.00	50,000.00	50,000.00	

单据日期	单据类型	单据编号	到期日	供应商	币种	原币金额	原币余额	可享受折扣	本次折扣	本次结算	订单号	凭证号
2019-11-15	采购专用发票	18301	2019-11-15	无忧	人民币	37,968.00	37,968.00	0.00				
2020-01-05	采购专用发票	668800	2020-01-05	无忧	人民币	94,920.00	94,920.00	0.00	0.00	50,000.00		转-0002
合计						132,888.00	132,888.00	0.00	0.00	50,000.00		

图 8-20　核销部分应付款

6. 业务 6——填制付款单，审核并生成付款凭证，部分核销应付款，部分形成预付款　(微课视频：WK080206)

操作步骤：

① 在应付款管理系统中，执行"付款单据处理"|"付款单据录入"命令，进入"付款单"窗口。

② 输入付款单表头中的各项信息。在付款单表体第 1 行的"款项类型"中选择"应付款"，输入金额为"88 140"；在付款单表体第 2 行的"款项类型"中选择"预付款"，系统自动计算金额为"11 860"，如图 8-21 所示。

③ 单击"保存"按钮。

④ 单击"审核"按钮，弹出"是否立即制单？"信息提示框。单击"是"按钮，生成付款凭证，如图 8-22 所示。

图 8-21 付款单部分为应付，部分为预付

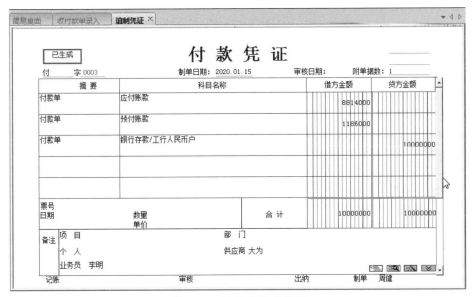

图 8-22 付款单生成凭证

⑤ 在付款单界面中，单击"核销"按钮，核销 1 月 10 日大为公司的"应付款"为"88 140"，单击"保存"按钮。

7. 业务 7——商业承兑汇票结算 (微课视频：WK080207)

操作步骤：

① 在应付款管理系统中，执行"票据管理"命令，打开"查询条件选择"对话框。单击"确定"按钮，进入"票据管理"窗口。

② 双击选中向大为公司签发并承兑的商业承兑汇票(No.56561)，单击"结算"按钮，打开"票据结算"对话框。

③ 修改结算日期为 "2020-01-23"，录入结算金额为 "23 400"，在"结算科目"栏中录入或选择 "100201"，如图 8-23 所示。

图 8-23　票据结算

④ 单击"确定"按钮，系统弹出"是否立即制单"信息提示框。单击"是"按钮，生成票据结算的记账凭证，修改凭证类别为"付款凭证"，单击"保存"按钮，如图 8-24 所示。

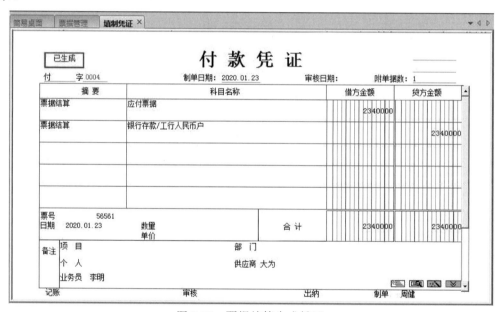

图 8-24　票据结算生成凭证

✏ 提示：

- 当票据到期付款时，执行票据结算处理。
- 进行票据结算时，结算金额应是通过结算实际支付的金额。
- 票据结算后，不能再进行其他与票据相关的处理。

----

8. 账套备份(略)

全部实验完成后，将账套输出至"8-2 单据处理与票据处理"文件夹中。

实验三　转账处理、账表查询及其他处理

实验准备

引入"8-2 单据处理与票据管理"账套数据。

实验要求

以账套主管"001 周健"的身份进行转账处理、账表查询及其他处理操作。

实验资料

1. 应付冲应付

2020 年 1 月 25 日，经三方同意将 2019 年 11 月 18 日形成的应向"天津杰信公司"支付的货税款 10 170 元转为向大为公司的应付账款。

2. 预付冲应付

2020 年 1 月 25 日，经双方同意，用给大为公司的预付款冲抵 25 日转入大为公司的 10 170 元应付款。

3. 单据查询

(1) 查询 1 月份的采购专用发票
(2) 查询 1 月份的收付款单
(3) 查询并删除 1 月 25 日辽宁大为公司预付冲应付业务生成的凭证

4. 进行统计分析

(1) 对供应商进行付款账龄分析
(2) 查询 2020 年 1 月的业务总账
(3) 查询科目明细账

5. 取消操作

取消辽宁大为公司预付冲应付的操作。

6. 月末结账

在应付款管理系统中，完成 2020 年 1 月的结账。

7. 账套备份

⬛ 实验指导

1. 应付冲应付 （微课视频：**WK080301**）

操作步骤：

① 在应付款管理系统中，执行"转账"|"应付冲应付"命令，进入"应付冲应付"窗口。

② 输入"日期"为"2020-01-25"；选择转出供应商为"03 天津杰信科技有限公司"，转入供应商为"02 辽宁大为有限责任公司"。

③ 单击"查询"按钮，系统列出转出户"杰信"未核销的应付款。

④ 在单据日期为"2019-11-18"的采购专用发票的"并账金额"处输入"10 170"，如图 8-25 所示。

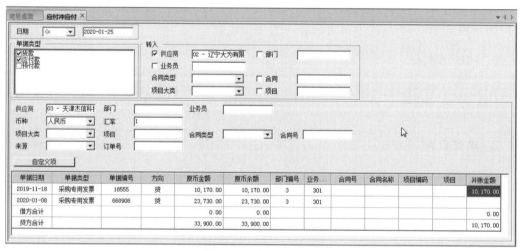

图 8-25　应付冲应付

⑤ 单击"保存"按钮。系统弹出"是否立即制单？"信息提示框。单击"是"按钮，生成凭证，如图 8-26 所示。

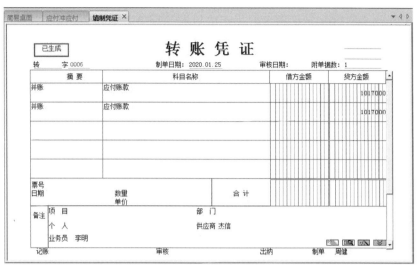

图 8-26 应付冲应付生成凭证

✍ **提示：**

- 每一笔应付款的转账金额不能大于其余额。
- 每次只能选择一个转入单位。

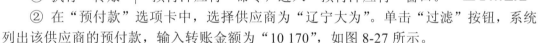

2. 预付冲应付 (微课视频：WK080302)

操作步骤：

① 执行"转账"|"预付冲应付"命令，进入"预付冲应付"窗口。

② 在"预付款"选项卡中，选择供应商为"辽宁大为"。单击"过滤"按钮，系统列出该供应商的预付款，输入转账金额为"10 170"，如图 8-27 所示。

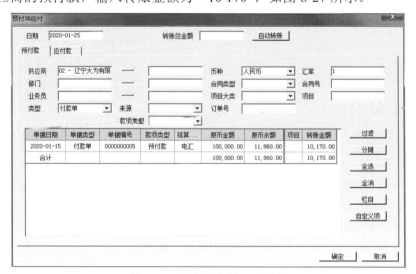

图 8-27 预付冲应付—预付款

③ 单击打开"应付款"选项卡，单击"过滤"按钮，系统列出该供应商的应付款，在单据日期为"2019-11-18"的采购专用发票一行输入应付转账金额为"10 170"，如图 8-28 所示。

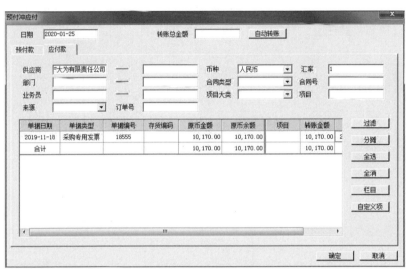

图 8-28　预付冲应付—应付款

④ 单击"确定"按钮，系统弹出"是否立即制单？"信息提示，单击"是"按钮，生成凭证，如图 8-29 所示。

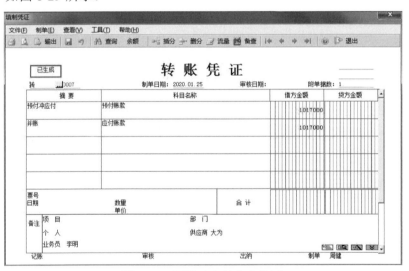

图 8-29　预付冲应付生成凭证

提示：

- 每一笔应付款的转账金额不能大于其余额。
- 应付款的转账金额合计应该等于预付款的转账金额合计。

3. 查询业务账表

(1) 查询 1 月份的采购专用发票

操作步骤：

① 在应付款管理系统中，执行"单据查询"|"发票查询"命令，打开"发票查询"对话框。

② 单击"发票类型"栏后的参照按钮，选择"采购专用发票"。

③ 单击"确定"按钮，进入"发票查询"窗口，如图 8-30 所示。

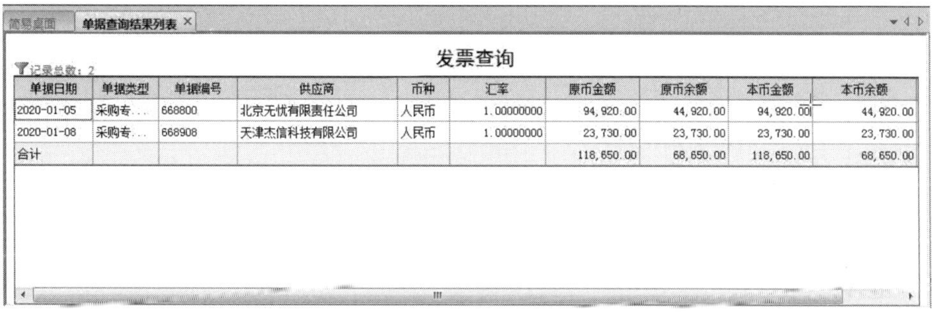

发票查询

单据日期	单据类型	单据编号	供应商	币种	汇率	原币金额	原币余额	本币金额	本币余额
2020-01-05	采购专	668800	北京无忧有限责任公司	人民币	1.00000000	94,920.00	44,920.00	94,920.00	44,920.00
2020-01-08	采购专	668908	天津杰信科技有限公司	人民币	1.00000000	23,730.00	23,730.00	23,730.00	23,730.00
合计						118,650.00	68,650.00	118,650.00	68,650.00

图 8-30 发票查询

④ 单击"退出"按钮退出。

提示：

- 在"发票查询"功能中可以分别查询"已审核""未审核""已核销"及"未核销"的发票，还可以按"发票号""单据日期""金额范围"或"余额范围"等条件进行查询。

- 在"发票查询"窗口中，单击"查询"按钮，可以重新输入查询条件；单击"单据"按钮，可以调出原始单据卡片；单击"详细"按钮，可以查看当前单据的详细结算情况；单击"凭证"按钮，可以查询单据所对应的凭证；单击"栏目"按钮，可以设置当前查询列表的显示栏目、栏目顺序、栏目名称、排序方式，并可以保存设置内容。

(2) 查询 1 月份的收付款单

操作步骤：

① 在应付款管理系统中，执行"单据查询"|"收付款单查询"命令，打开"查询条件选择—收付款单查询"对话框。

② 在"查询条件选择—收付款单查询"对话框的下方将"包含余额=0"选为"是"，如图 8-31 所示。

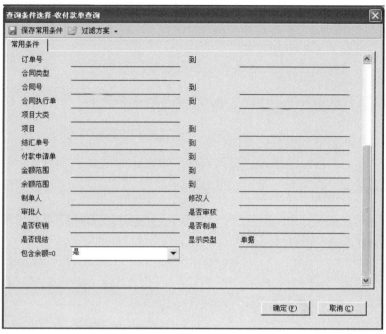

图 8-31 设置查询条件

③ 单击"确定"按钮，进入"收付款单查询"窗口，如图 8-32 所示。

④ 单击"退出"按钮退出。

图 8-32 收付款单查询

✎ 提示：--

- 在"收付款单查询"功能中可以分别查询"已核销""未核销""应付款""预付款"及"费用"的收付款情况。还可以按"单据编号""金额范围""余额范围"或"单据日期"等条件进行查询。

- 在"收付款单查询"窗口中，也可以分别单击"查询""详细""单据"及"凭证"等按钮，查询到相应的内容。

----

(3) 删除 1 月 25 日辽宁大为公司预付冲应付业务生成的凭证

操作步骤：

① 在应付款管理系统中，执行"单据查询"|"凭证查询"命令，打开"凭证查询条件"对话框。

② 单击"确定"按钮，进入"凭证查询"窗口。

③ 选中"2020-01-25"预付冲应付记录行，单击"删除"按钮，系统弹出"确定要删除此凭证吗？"的信息提示，如图 8-33 所示。

图 8-33　查询凭证并删除

④ 单击"是"按钮，该记录行被删除。

提示：

- 在"凭证查询"功能中，可以查看、修改、删除或冲销由应付款系统生成并传递到总账系统中的记账凭证。
- 如果凭证已经在总账系统中记账，又需要对形成凭证的原始单据进行修改，则可以通过冲销方式来冲销凭证，然后对原始单据进行其他操作后再重新生成凭证。
- 一张凭证被删除(或被冲销)后，它所对应的原始单据及相应的操作内容可以重新制单。
- 只有未在总账系统中审核的凭证才能删除。如果已经在总账系统中进行了出纳签字，应取消出纳签字后再进行删除操作。

4. 进行统计分析

(1) 付款账龄分析

操作步骤：

① 在应付款管理系统中，执行"账表管理"|"统计分析"|"付款账龄分析"命令，

打开"付款账龄分析"对话框。

② 单击"确定"按钮，进入"付款账龄分析"窗口，如图 8-34 所示。

图 8-34　付款账龄分析

③ 单击"退出"按钮退出。

提示：

在"统计分析"功能中，可以按定义的账龄区间，进行一定期间内应付款账龄分析、付款账龄分析、往来账龄分析；了解向各个供应商付款的周转天数、周转率；了解各个账龄区间内应付款、付款及往来情况，并能及时发现问题，以加强对往来款项动态的监督管理。

(2) 查询业务总账

操作步骤：

① 在应付款管理系统中，执行"账表管理"|"业务账表"|"业务总账"命令，打开"应付总账表"对话框。

② 单击"确定"按钮，进入"应付总账表"窗口，如图 8-35 所示。

图 8-35　应付总账表

③ 单击"退出"按钮退出。

提示:

- 通过业务账表查询，可以及时地了解一定期间内期初应付款结存汇总情况，应付款发生、付款发生的汇总情况和累计情况及期末应付款结存汇总情况；还可以了解各个供应商期初应付款结存明细情况，应付款发生、付款发生的明细情况和累计情况，及期末应付款结存明细情况，能及时发现问题，加强对往来款项的监督管理。

- 业务总账查询是对一定期间内应付款汇总情况的查询。在业务总账查询的应付总账表中不仅可以查询"本期应付"款，还可以查询"本期支付"应付款及应付款的"余额"情况。

---

(3) 查询科目明细账

操作步骤:

① 在应付款管理系统中，执行"账表管理"|"科目账查询"|"科目明细账"命令，打开"供应商往来科目明细账"对话框。

② 单击"确定"按钮，进入"科目明细账"窗口，如图 8-36 所示。

③ 单击"退出"按钮退出。

图 8-36　科目明细账

 提示:

- 科目账查询包括科目明细账查询和科目余额表查询。

- 科目明细账查询可以查询供应商往来科目下往来供应商的往来明细账。细分为科目明细账、供应商明细账、三栏明细账、部门明细账、项目明细账、业务员明细账等。

- 科目余额表查询可以查询应付受控科目各个供应商的期初余额、本期借方发生额合计、本期贷方发生额合计及期末余额。细分为科目余额表、供应商余额表、三栏余额表、部门余额表、项目余额表、业务员余额表、供应商分类余额表及地区分类余额表。

5. 取消操作 (微课视频：WK080305)

操作步骤：

① 在应付款管理系统中，执行"其他处理"|"取消操作"命令，打开"取消操作条件"对话框。

② 操作类型选择"预付冲应付"，单击"确定"按钮，进入"取消操作"窗口。

③ 双击"选择标志"栏或单击"全选"按钮，如图8-37所示。

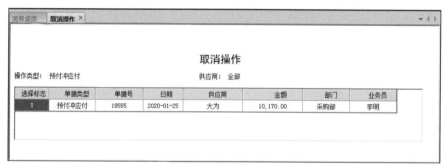

选择标志	单据类型	单据号	日期	供应商	金额	部门	业务员
Y	预付冲应付	18555	2020-01-25	大为	10,170.00	采购部	李明

操作类型：预付冲应付　　　　　供应商：全部

图 8-37　取消操作

④ 单击"OK确认"按钮，该记录不再显示。

提示：

- 取消操作类型包括取消核销、取消转账、取消汇兑损益、取消票据处理、取消并账等几类。
- 取消操作必须在未进行后序操作的情况下进行，如果已经进行了后序操作则应在恢复后序操作后再取消操作。

6. 月末结账 (微课视频：WK080306)

操作步骤：

① 执行"期末处理"|"月末结账"命令，打开"月末处理"对话框。

② 双击1月的"结账标志"栏。单击"下一步"按钮，屏幕显示各处理类型的处理情况。

③ 在处理情况都是"是"的情况下，单击"完成"按钮，结账后，系统弹出提示"1月份结账成功"。

④ 单击"确定"按钮。系统在 1 月份的"结账标志"栏中标识"已结账"字样。

✎ **提示：**

- 如果当月业务已经全部处理完毕，应进行月末结账。只有当月结账后，才能开始下月的工作。
- 进行月末处理时，一次只能选择一个月进行结账，若前一个月未结账，则本月不能结账。
- 在执行了月末结账后，该月将不能再进行任何处理。

7. 账套备份(略)

全部完成后，将账套输出至"8-3 转账处理、账表查询及其他处理"文件夹中。

探究与挑战

1. 企业只启用总账系统与企业启用总账和应付系统在应用上有何不同？请归纳并验证。

2. 应付款管理系统中生成的凭证如果有误，如何从 U8 系统中将其彻底删除？

附录 1

企业会计信息化工作规范

第一章 总 则

第一条 为推动企业会计信息化，节约社会资源，提高会计软件和相关服务质量，规范信息化环境下的会计工作，根据《中华人民共和国会计法》《财政部关于全面推进我国会计信息化工作的指导意见》(财会〔2009〕6 号)，制定本规范。

第二条 本规范所称会计信息化，是指企业利用计算机、网络通信等现代信息技术手段开展会计核算，以及利用上述技术手段将会计核算与其他经营管理活动有机结合的过程。

本规范所称会计软件，是指企业使用的，专门用于会计核算、财务管理的计算机软件、软件系统或者其功能模块。会计软件具有以下功能：

(一) 为会计核算、财务管理直接采集数据；

(二) 生成会计凭证、账簿、报表等会计资料；

(三) 对会计资料进行转换、输出、分析、利用。

本规范所称会计信息系统，是指由会计软件及其运行所依赖的软硬件环境组成的集合体。

第三条 企业(含代理记账机构，下同)开展会计信息化工作，软件供应商(含相关咨询服务机构，下同)提供会计软件和相关服务，适用本规范。

第四条 财政部主管全国企业会计信息化工作，主要职责包括：

(一) 拟订企业会计信息化发展政策；

(二) 起草、制定企业会计信息化技术标准；

(三) 指导和监督企业开展会计信息化工作；

(四) 规范会计软件功能。

第五条 县级以上地方人民政府财政部门管理本地区企业会计信息化工作,指导和监督本地区企业开展会计信息化工作。

第二章 会计软件和服务

第六条 会计软件应当保障企业按照国家统一会计准则制度开展会计核算,不得有违背国家统一会计准则制度的功能设计。

第七条 会计软件的界面应当使用中文并且提供对中文处理的支持,可以同时提供外国或者少数民族文字界面对照和处理支持。

第八条 会计软件应当提供符合国家统一会计准则制度的会计科目分类和编码功能。

第九条 会计软件应当提供符合国家统一会计准则制度的会计凭证、账簿和报表的显示和打印功能。

第十条 会计软件应当提供不可逆的记账功能,确保对同类已记账凭证的连续编号,不得提供对已记账凭证的删除和插入功能,不得提供对已记账凭证日期、金额、科目和操作人的修改功能。

第十一条 鼓励软件供应商在会计软件中集成可扩展商业报告语言(XBRL)的功能,便于企业生成符合国家统一标准的 XBRL 财务报告。

第十二条 会计软件应当具有符合国家统一标准的数据接口,满足外部会计监督需要。

第十三条 会计软件应当具有会计资料归档功能,提供导出会计档案的接口,在会计档案存储格式、元数据采集、真实性与完整性保障方面,符合国家有关电子文件归档与电子档案管理的要求。

第十四条 会计软件应当记录生成用户操作日志,确保日志的安全、完整,提供按操作人员、操作时间和操作内容查询日志的功能,并能以简单易懂的形式输出。

第十五条 以远程访问、云计算等方式提供会计软件的供应商,应当在技术上保证客户会计资料的安全、完整。对于因供应商原因造成客户会计资料泄露、毁损的,客户可以要求供应商承担赔偿责任。

第十六条 客户以远程访问、云计算等方式使用会计软件生成的电子会计资料归客户所有。

软件供应商应当提供符合国家统一标准的数据接口供客户导出电子会计资料,不得以任何理由拒绝客户导出电子会计资料的请求。

第十七条 以远程访问、云计算等方式提供会计软件的供应商,应当做好本厂商不能维持服务的情况下,保障企业电子会计资料安全以及企业会计工作持续进行的预案,并在相关服务合同中与客户就该预案做出约定。

第十八条 软件供应商应当努力提高会计软件相关服务质量,按照合同约定及时解决用户使用中的故障问题。

会计软件存在影响客户按照国家统一会计准则制度进行会计核算问题的，软件供应商应当为用户免费提供更正程序。

第十九条 鼓励软件供应商采用呼叫中心、在线客服等方式为用户提供实时技术支持。

第二十条 软件供应商应当就如何通过会计软件开展会计监督工作，提供专门教程和相关资料。

第三章 企业会计信息化

第二十一条 企业应当充分重视会计信息化工作，加强组织领导和人才培养，不断推进会计信息化在本企业的应用。

除本条第三款规定外，企业应当指定专门机构或者岗位负责会计信息化工作。

未设置会计机构和配备会计人员的企业，由其委托的代理记账机构开展会计信息化工作。

第二十二条 企业开展会计信息化工作，应当根据发展目标和实际需要，合理确定建设内容，避免投资浪费。

第二十三条 企业开展会计信息化工作，应当注重信息系统与经营环境的契合，通过信息化推动管理模式、组织架构、业务流程的优化与革新，建立健全适应信息化工作环境的制度体系。

第二十四条 大型企业、企业集团开展会计信息化工作，应当注重整体规划，统一技术标准、编码规则和系统参数，实现各系统的有机整合，消除信息孤岛。

第二十五条 企业配备的会计软件应当符合本规范第二章要求。

第二十六条 企业配备会计软件，应当根据自身技术力量以及业务需求，考虑软件功能、安全性、稳定性、响应速度、可扩展性等要求，合理选择购买、定制开发、购买与开发相结合等方式。

定制开发包括企业自行开发、委托外部单位开发、企业与外部单位联合开发。

第二十七条 企业通过委托外部单位开发、购买等方式配备会计软件，应当在有关合同中约定操作培训、软件升级、故障解决等服务事项，以及软件供应商对企业信息安全的责任。

第二十八条 企业应当促进会计信息系统与业务信息系统的一体化，通过业务的处理直接驱动会计记账，减少人工操作，提高业务数据与会计数据的一致性，实现企业内部信息资源共享。

第二十九条 企业应当根据实际情况，开展本企业信息系统与银行、供应商、客户等外部单位信息系统的互联，实现外部交易信息的集中自动处理。

第三十条 企业进行会计信息系统前端系统的建设和改造，应当安排负责会计信息化工作的专门机构或者岗位参与，充分考虑会计信息系统的数据需求。

第三十一条 企业应当遵循企业内部控制规范体系要求，加强对会计信息系统规划、设计、开发、运行、维护全过程的控制,将控制过程和控制规则融入会计信息系统,实现对违反控制规则情况的自动防范和监控,提高内部控制水平。

第三十二条 对于信息系统自动生成且具有明晰审核规则的会计凭证,可以将审核规则嵌入会计软件,由计算机自动审核。未经自动审核的会计凭证,应当先经人工审核再进行后续处理。

第三十三条 处于会计核算信息化阶段的企业,应当结合自身情况,逐步实现资金管理、资产管理、预算控制、成本管理等财务管理信息化。

处于财务管理信息化阶段的企业,应当结合自身情况,逐步实现财务分析、全面预算管理、风险控制、绩效考核等决策支持信息化。

第三十四条 分公司和子公司数量多、分布广的大型企业、企业集团应当探索利用信息技术促进会计工作的集中,逐步建立财务共享服务中心。

实行会计工作集中的企业以及企业分支机构,应当为外部会计监督机构及时查询和调阅异地储存的会计资料提供必要条件。

第三十五条 外商投资企业使用的境外投资者指定的会计软件或者跨国企业集团统一部署的会计软件,应当符合本规范第二章要求。

第三十六条 企业会计信息系统数据服务器的部署应当符合国家有关规定。数据服务器部署在境外的,应当在境内保存会计资料备份,备份频率不得低于每月一次。境内备份的会计资料应当能够在境外服务器不能正常工作时,独立满足企业开展会计工作的需要以及外部会计监督的需要。

第三十七条 企业会计资料中对经济业务事项的描述应当使用中文,可以同时使用外国或者少数民族文字对照。

第三十八条 企业应当建立电子会计资料备份管理制度,确保会计资料的安全、完整和会计信息系统的持续、稳定运行。

第三十九条 企业不得在非涉密信息系统中存储、处理和传输涉及国家秘密,关系国家经济信息安全的电子会计资料;未经有关主管部门批准,不得将其携带、寄运或者传输至境外。

第四十条 企业内部生成的会计凭证、账簿和辅助性会计资料,同时满足下列条件的,可以不输出纸面资料:

(一) 所记载的事项属于本企业重复发生的日常业务;

(二) 由企业信息系统自动生成;

(三) 可及时在企业信息系统中以人类可读形式查询和输出;

(四) 企业信息系统具有防止相关数据被篡改的有效机制;

(五) 企业对相关数据建立了电子备份制度,能有效防范自然灾害、意外事故和人为破坏的影响;

(六) 企业对电子和纸面会计资料建立了完善的索引体系。

第四十一条 企业获得的需要外部单位或者个人证明的原始凭证和其他会计资料,同时满足下列条件的,可以不输出纸面资料:

(一) 会计资料附有外部单位或者个人的、符合《中华人民共和国电子签名法》的可靠的电子签名；

(二) 电子签名经符合《中华人民共和国电子签名法》的第三方认证；

(三) 满足第四十条第(一)项、第(三)项、第(五)项和第(六)项规定的条件。

第四十二条　企业会计资料的归档管理，遵循国家有关会计档案管理的规定。

第四十三条　实施企业会计准则通用分类标准的企业，应当按照有关要求向财政部报送 XBRL 财务报告。

第四章　监　　督

第四十四条　企业使用会计软件不符合本规范要求的，由财政部门责令限期改正。限期不改的，财政部门应当予以公示，并将有关情况通报同级相关部门或其派出机构。

第四十五条　财政部采取组织同行评议，向用户企业征求意见等方式对软件供应商提供的会计软件遵循本规范的情况进行检查。

省、自治区、直辖市人民政府财政部门发现会计软件不符合本规范规定的，应当将有关情况报财政部。

任何单位和个人发现会计软件不符合本规范要求的，有权向所在地省、自治区、直辖市人民政府财政部门反映，财政部门应当根据反映开展调查，并按本条第二款规定处理。

第四十六条　软件供应商提供的会计软件不符合本规范要求的，财政部可以约谈该供应商主要负责人，责令限期改正。限期内未改正的，由财政部予以公示，并将有关情况通报相关部门。

第五章　附　　则

第四十七条　省、自治区、直辖市人民政府财政部门可以根据本规范制定本地区具体实施办法。

第四十八条　自本规范施行之日起，《会计核算软件基本功能规范》(财会字〔1994〕27 号)、《会计电算化工作规范》(财会字〔1996〕17 号)不适用于企业及其会计软件。

第四十九条　本规范自 2014 年 1 月 6 日起施行，1994 年 6 月 30 日财政部发布的《商品化会计核算软件评审规则》(财会字〔1994〕27 号)、《会计电算化管理办法》(财会字〔1994〕27 号)同时废止。

附录 2

综 合 实 验

实验一 系统管理

📢 实验准备

正确安装用友 U8 V10.1 版软件。

📢 实验要求

以系统管理员身份在 U8 系统管理中完成以下工作。
(1) 增加用户
(2) 建立账套
(3) 设置用户权限
(4) 输出账套

📢 实验资料

1. 用户信息(如表 1 所示)

表 1 用户信息

编 号	姓 名	用户类型	认证方式	口 令	所属部门	所属角色
801	陈琴	普通用户	用户+口令(传统)	空	财务部	账套主管
802	齐瑞	普通用户	用户+口令(传统)	空	财务部	
803	田丽	普通用户	用户+口令(传统)	空	财务部	

2. 账套相关资料

(1) 账套信息

账套号：800；账套名称：尚勤；采用默认账套路径；启用会计期：2020 年 1 月。

(2) 单位信息

单位名称：北京尚勤股份有限公司

单位简称：尚勤股份

单位地址：北京市东四环路 588 号

法人代表：王伟

税号：100011010255889

(3) 核算类型

企业记账本位币：人民币(RMB)；企业类型：工业；行业性质：2007 年新会计制度科目；账套主管：801 陈琴；选中"按行业性质预置科目"复选框。

(4) 基础信息

对存货、供应商进行分类。

(5) 分类编码方案

科目编码级次：422

供应商分类编码级次：12

部门编码级次：12

存货分类编码级次：12

收发类别编码级次：12

结算方式编码级次：12

其他默认。

(6) 数据精度

企业确定数据精度均为 2。

(7) 系统启用

不进行系统启用。

3. 权限分配

根据尚勤股份内部控制要求，按照 U8 权限设置的具体要求，整理用户权限如表 2 所示。

表 2　用户权限

用户编号及姓名	所属角色	赋予权限
801 陈琴	账套主管	自动拥有 U8 中所有账套的操作权限
802 齐瑞		财务会计中的总账、应收款管理、应付款管理、公用目录设置权限
803 田丽		总账中凭证下的出纳签字、查询凭证权限及总账中的出纳权限

4. 账套输出

将账套输出至"D:\800 账套备份\系统管理"中。

实验二 基础设置

📢 实验准备

已经完成了实验一的操作。

📢 实验要求

由账套主管"801 陈琴"登录 U8 企业应用平台完成以下工作。

(1) 系统启用

(2) 设置基础档案

(3) 单据设计

📢 实验资料

1. 系统启用

启用"总账""应收款管理""应付款管理""固定资产"及"薪资管理",启用日期为"2020 年 1 月 1 日"。

2. 基础档案

(1) 部门档案(如表 3 所示)

表 3 部门档案

部 门 编 码	部 门 名 称
1	办公室
2	财务部
3	人事部
4	供销中心
401	采购部
402	销售部
5	生产车间

(2) 人员类别

正式工人员类别下分为 1011 管理人员、1012 销售人员和 1013 生产人员。

(3) 人员档案(如表 4 所示)

表 4 人员档案

人员编码	人员姓名	性 别	人员类别	行政部门	是否业务员
001	王伟	男	管理人员	办公室	是
002	刘淼	男	管理人员	办公室	
003	陈琴	女	管理人员	财务部	是
004	齐瑞	女	管理人员	财务部	是
005	田丽	女	管理人员	财务部	是
006	邱宁	男	管理人员	采购部	是
007	马红	女	销售人员	销售部	是
008	刘辉	男	生产人员	生产车间	

(4) 供应商分类(如表 5 所示)

表 5 供应商分类

类 别 编 码	类 别 名 称
1	主料供应商
2	辅料供应商

(5) 供应商档案(如表 6 所示)

表 6 供应商档案

供应商编码	供应商名称	供应商简称	所属分类	税 号	税率	分管部门	专管业务员
101	如意棉纺集团	如意	1	110287346578901	13%	采购部	邱宁
201	北京金鑫纸箱厂	金鑫	2	110548357210879	13%	采购部	邱宁

(6) 客户档案(如表 7 所示)

表 7 客户档案

客户编码	客户名称	客户简称	税 号	分管部门	专管业务员	开户银行	银行账号
01	北进科贸公司	北进	430432432894444	销售部	马红	工商银行道里支行	4433567890

(续表)

客户编码	客户名称	客户简称	税　　号	分管部门	专管业务员	开户银行	银行账号
02	南达商贸城	南达	225832700549999	销售部	马红	工商银行金陵支行	2255123450

(7) 计量单位组及计量单位(如表 8 所示)

表8　计量单位组及计量单位

计量单位组编号	计量单位组名称	计量单位组类别	计量单位编号	计量单位名称
01	独立计量单位	无换算率	01	吨
			02	个
			03	条
			04	千米

(8) 存货分类(如表 9 所示)

表9　存货分类

存货类别编码	存货类别名称
1	原材料
2	包装物
3	产成品
4	应税劳务

(9) 存货档案(如表 10 所示)

表10　存货档案

存货编码	存货名称	计量单位	所属分类	进项及销项税率	存货属性
1001	棉纱	吨	1	13%	外购、生产耗用
1002	羊绒	吨	1	13%	外购、生产耗用
2001	包装盒	个	2	13%	外购、生产耗用
3001	纯棉毛巾	条	3	13%	内销、自制
3002	羊绒围巾	条	3	13%	内销、自制
4001	运费	千米	4	9%	内销、外购、应税劳务

(10) 结算方式(如表 11 所示)

表 11 结算方式

结算方式编码	结算方式名称	是否票据管理	对应票据类型
1	现金结算		
2	支票结算		
201	现金支票	是	现金支票
202	转账支票	是	转账支票
3	电汇		
4	商业汇票		
401	银行承兑汇票		
402	商业承兑汇票		

(11) 本单位开户银行

开户银行：01 工商银行西城支行；账号：191988880023。

3. 单据设计

删除销售专用发票表头项目：销售类型。

4. 输出账套

全部完成后，将账套输出至"附录 2-2 基础设置"文件夹中。

实验三 总账系统初始化

📢 实验准备

已经完成了实验二的操作。

📢 实验要求

由账套主管"801 陈琴"登录 U8 企业应用平台完成以下工作。

(1) 设置财务基础档案

(2) 设置总账选项

(3) 输入期初余额

📢 **实验资料**

1. 设置会计科目

本企业常用会计科目如表 12 所示。

表 12 本企业常用会计科目

科 目 编 码	科 目 名 称	币别/计量单位	辅 助 核 算	方 向	备 注
1001	库存现金		日记账	借	修改
1002	银行存款		日记账、银行账	借	修改
100201	建行存款		日记账、银行账	借	新增
1121	应收票据		客户往来	借	修改
1122	应收账款		客户往来	借	修改
1123	预付账款		供应商往来	借	修改
1221	其他应收款			借	
122101	职工个人借款		个人往来	借	新增
1403	原材料			借	
140301	棉纱	吨		借	新增
140302	羊绒	吨		借	新增
1405	库存商品		项目核算	借	修改
2201	应付票据		供应商往来	贷	修改
2202	应付账款		供应商往来	贷	修改
2203	预收账款		客户往来	贷	修改
2211	应付职工薪酬			贷	
221101	应付工资			贷	新增
221102	职工福利			贷	新增
221103	社会保险			贷	新增
221104	住房公积金			贷	新增
2221	应交税费			贷	
222101	应交增值税			贷	新增
22210101	进项税额			贷	新增
22210105	销项税额			贷	新增
222102	未交增值税			贷	新增
4104	利润分配				
410415	未分配利润				新增
5001	生产成本			借	
500101	直接材料		项目核算	借	新增
500102	直接人工			借	新增

(续表)

科目编码	科 目 名 称	币别/计量单位	辅 助 核 算	方　向	备　注
500103	制造费用			借	新增
5101	制造费用			借	
6001	主营业务收入		项目核算	贷	修改
6401	主营业务成本		项目核算	借	修改
6602	管理费用			借	
660201	办公费		部门核算	借	新增
660202	差旅费		部门核算	借	新增
660203	薪资		部门核算	借	新增
660204	福利费		部门核算	借	新增
660205	招待费		部门核算	借	新增
660206	折旧费		部门核算	借	新增

要求：增加表中"备注"栏标注为"新增"的科目；修改表中"备注"栏标注为"修改"的科目；指定"1001 库存现金"为现金总账科目、"1002 银行存款"为银行总账科目。

2. 凭证类别(如表 13 所示)

表 13　凭证类别

类 别 名 称	限 制 类 型	限 制 科 目
收款凭证	借方必有	1001,1002
付款凭证	贷方必有	1001,1002
转账凭证	凭证必无	1001,1002

3. 项目目录

项目大类：产品。

项目分类：1—毛巾；2—围巾。

项目目录：如表 14 所示。

表 14　项目目录

项 目 编 号	项 目 名 称	所属分类码
101	纯棉毛巾	1
201	羊绒围巾	2

按产品大类核算的会计科目：1405 库存商品、500101 生产成本/直接材料、6001 主营业务收入、6401 主营业务成本。

4. 总账选项

可以使用应收、应付系统的受控科目。

出纳凭证必须经由出纳签字。

不允许修改、作废他人填制的凭证。

5. 期初余额

(1) 期初余额(如表 15 所示)

表 15　期初余额

科目编号及名称	辅助核算	方向	币别/计量	期初余额	备　　注
库存现金(1001)	日记账	借		5 000	
银行存款(1002)	日记账、银行账	借		550 000	
建行存款(100201)	日记账、银行账	借		550 000	
应收账款(1122)	客户往来	借		79 209	见辅助账明细
预付账款(1123)	供应商往来	借		20 000	见辅助账明细
其他应收款(1221)		借		4 000	
职工个人借款(122101)	个人往来	借		4 000	见辅助账明细
原材料(1403)		借		1 100 000	
棉纱(140301)	数量核算	借	20 吨	600 000	
羊绒(140302)	数量核算	借	10 吨	500 000	
库存商品(1405)		借		1 150 000	纯棉毛巾 150 000 羊绒围巾 1 000 000
固定资产(1601)		借		850 000	
累计折旧(1602)		贷		98 000	
短期借款(2001)		贷		300 000	
应付账款(2202)	供应商往来	贷		359 600	见辅助账明细
预收账款(2203)	客户往来	贷		10 000	见辅助账明细
实收资本(4001)		贷		2 000 000	
利润分配(4104)		贷		990 609	
未分配利润(410415)		贷		990 609	

(2) 辅助账期初明细

应收账款明细：1122 应收账款　　　余额：借 79 209 元

日　期	客　户	业务员	摘　要	方　向	金额
2019-12-12	北进	马红	期初	借	33 900
2019-12-22	南达	马红	期初	借	45 309

预付账款明细：1123 预付账款　　　余额：借 20 000 元

日　期	供应商	业务员	摘　要	方　向	金　额
2019-11-28	如意	邱宁	期初	借	20 000

其他应收款明细：122101 职工个人借款　　　余额：借 4 000 元

日　期	部　门	个　人	摘　要	方　向	金　额
2019-12-19	办公室	王伟	出差借款	借	4 000

应付账款明细：2202 应付账款　　　余额：贷 359 600 元

日　期	供应商	业务员	摘　要	方　向	金　额
2019-12-25	如意	邱宁	期初	贷	69 600
2019-12-28	如意	邱宁	期初	贷	290 000

预收账款明细：2203 预收账款　　　余额：贷 10 000 元

日　期	客　户	业务员	摘　要	方　向	金　额
2019-12-16	南达	马红	期初	贷	10 000

6. 输出账套

全部完成后，将账套输出至"附录 2-3 总账初始化"文件夹中。

实验四　总账系统日常业务处理

📢 实验准备

已经完成了实验三的操作。

📢 实验要求

由 802 号操作员进行填制凭证、修改凭证、删除凭证、记账操作；由 801 号操作员审核凭证；由 803 号操作员进行出纳签字、银行对账。

(1) 填制凭证

(2) 审核凭证

(3) 出纳签字

(4) 修改凭证

(5) 记账

(6) 银行对账

(7) 定义转账分录并生成

(8) 冲销凭证

📢 实验资料

1. 填制凭证

2020 年 1 月发生如下经济业务，由 802 号操作员填制凭证。

(1) 1 月 8 日，以库存现金支付办公室招待费 860 元。

　　借：管理费用/招待费　　　　　　　　　　860

　　　　贷：库存现金　　　　　　　　　　　　　　860

(2) 1 月 8 日，以建行存款 33 900 元支付广告费。

　　借：销售费用　　　　　　　　　　　　30 000

　　　　应交税费/应交增值税/进项税额　　　3 900

　　　　贷：银行存款/建行存款(转账支票 1122)　　33 900

(3) 1 月 12 日，销售给南达商贸城羊绒围巾 100 条，已收到对方电汇货税款 56 500 元(其中货款 50 000 元，税款 6 500 元)。

　　借：银行存款/建行存款　　　　　　　56 500

　　　　贷：主营业务收入　　　　　　　　　　50 000

　　　　　　应交税费/应交增值税/销项税额　　6 500

(4) 1 月 22 日，办公室王伟报销差旅费 4 000 元。

　　借：管理费用/差旅费　　　　　　　　　4 000

　　　　贷：其他应收款/职工个人借款　　　　　4 000

2. 修改凭证

修改第 1 号付款凭证的金额为 360 元，报销部门为采购部。

3. 审核凭证

由 801 号操作员审核凭证。

4. 出纳签字

由 803 号操作员进行出纳签字。

5. 记账

由 802 号操作员进行记账。

6. 期末转账定义

①"应交税费/应交增值税/销项税额"贷方发生额转入"应交税费/未交增值税"。
②"期间损益"转入"本年利润"。

7. 转账生成

生成上述期末转账凭证,并审核记账。

8. 冲销凭证

由 802 号操作员红字冲销第 1 号付款凭证。

9. 删除凭证

由 802 号操作员删除红字冲销凭证。

10. 输出账套

全部完成后,将账套输出至"附录 2-4 总账日常业务"文件夹中。

实验五　编制报表

🔊 实验准备

已经完成了实验四的操作。

🔊 实验要求

由 801 号操作员完成以下工作。
(1) 设计费用明细表的格式
(2) 生成费用明细表

🔊 实验资料

费用明细表表样

费用明细表

年　月　　　　　　　　　　　　　　　金额单位：元

部门	办公费	差旅费	招待费	福利费	合计
办公室		※			
财务部					
人事部					
采购部			※		※

说明：

● 仅需要对标注了"※"的单元设计公式并获取数据。

● 年和月应设计为关键字

实验六　薪资管理

🔊 实验准备

已经完成了实验三的操作。

🔊 实验要求

由 801 号操作员完成以下工作。

(1) 建立工资账套

(2) 基础设置

(3) 工资类别管理

(4) 设置工资项目

(5) 设置人员档案

(6) 设置计算公式

(7) 录入并计算 1 月份的工资数据

(8) 扣缴所得税

(9) 分摊工资并生成转账凭证

🔊 实验资料

1. 800 账套工资系统的参数

单个工资类别，工资核算本位币为"人民币"，自动代扣个人所得税，进行扣零设置且扣零到元，人员编码同公共平台的人员编码保持一致。

2. 人员附加信息

增加人员附加信息"身份证号"。

3. 人员档案(如表 16 所示)

表 16　基本人员档案

职 员 编 号	人 员 姓 名	所 属 部 门	人 员 类 别
001	王伟	办公室(1)	管理人员
002	刘淼	办公室(1)	管理人员
003	陈琴	财务部(2)	管理人员
004	齐瑞	财务部(2)	管理人员
005	田丽	财务部(2)	管理人员
006	邱宁	采购部(401)	管理人员
007	马红	销售部(402)	销售人员
008	刘辉	生产车间(5)	生产人员

4. 工资项目(如表 17 所示)

表 17　工资项目

工资项目名称	类 型	长度/位	小数/位	增 减 项
基本工资	数字	8	2	增项
岗位津贴	数字	8	2	增项
交通补贴	数字	8	2	增项
缺勤扣款	数字	8	2	减项
住房公积金	数字	8	2	减项
缺勤天数	数字	8	2	其他

工资条上工资项目排列顺序为基本工资、岗位津贴、交通补贴、应发合计、住房公积金、缺勤扣款、代扣税、扣款合计、实发合计、缺勤天数。其中：
$$缺勤扣款＝基本工资÷22×缺勤天数$$
销售人员的交通补贴为 500 元，其他人员的交通补助为 200 元。

5. 个人所得税(如表 18 所示)

个税免征额即扣税基数为 5000 元。

表 18　2019 年开始实行的 7 级超额累进个人所得税税率表

级数	全年应纳税所得额	按月换算	税率(%)	速算扣除数
1	不超过 36 000 元	不超过 3 000 元	3	0
2	超过 36 000 元至 144 000 元的部分	3000<X≤12 000	10	210
3	超过 144 000 元至 300 000 元的部分	12 000<X≤25 000	20	1410
4	超过 300 000 元至 420 000 元的部分	25 000<X≤35 000	25	2660
5	超过 420 000 元至 660 000 元的部分	35 000<X≤55 000	30	4410
6	超过 660 000 元至 960 000 元的部分	55 000<X≤80 000	35	7160
7	超过 960 000 元的部分	超过 80 000 元	45	15160

6. 2020 年 1 月有关的工资数据(如表 19 所示)

表 19　工资数据表

人员编号	人员姓名	基本工资	岗位津贴	交通补贴	缺勤天数
001	干伟	8 000	2 000	200	
002	刘淼	5 000	1 500	200	2
003	陈琴	6 000	1 500	200	
004	齐瑞	5 500	900	200	
005	田丽	5 500	500	200	
006	邱宁	5 500	800	200	
007	马红	5 500	800	500	
008	刘辉	4 000	800	200	

7. 分摊构成设置

按基本工资的 12%计提住房公积金。分摊构成设置如表 20 所示。

表 20　分摊构成设置

计提类型名称	部门名称	人员类别	项目	借方科目	贷方科目
应付工资	办公室、人事部、财务部、采购部	管理人员	应发合计	管理费用/工资(660203)	应付职工薪酬/应付工资(221101)
	销售部	销售人员	应发合计	销售费用(6601)	
	生产车间	生产人员	应发合计	生产成本/直接人工(500102)	
住房公积金	办公室、人事部、财务部、采购部	管理人员	基本工资	应付职工薪酬/住房公积金(221104)	其他应付款(2241)

(续表)

计提类型 名称	部门名称	人员类别	项目	借方科目	贷方科目
住房 公积金	销售部	销售人员	基本工资		
	生产车间	生产人员	基本工资		

8. 生成分摊凭证

生成工资分摊及相关凭证。

9. 账套输出

全部完成后，将账套输出至"附录2-6薪资管理"文件夹中。

实验七 固定资产系统

📢 实验准备

已经完成了实验三的操作。

📢 实验要求

以 801 号操作员身份完成以下工作。
(1) 建立固定资产账套
(2) 基础设置
(3) 录入原始卡片
(4) 修改固定资产卡片
(5) 增加固定资产
(6) 计提本月折旧并制单
(7) 生成增加固定资产的记账凭证

📢 实验资料

1. 固定资产账套参数

固定资产账套的启用月份为"2020年1月"，固定资产采用"平均年限法(二)"计提折旧，折旧汇总分配周期为一个月；当"月初已计提月份＝可使用月份–1)"时将剩余折旧全部提足。固定资产编码方式为"2-1-1-2";固定资产编码方式采用自动编号,编码方式为"类别编号+序号";序号长度为"5"。要求固定资产系统与总账进行对账;固定资产对账科目为"1601 固定资产";累计折旧对账科目为"1602 累计折旧";在对账不平衡的情况下允许固定资产月末结账。

2. 固定资产选项设置

业务发生后立即制单。
固定资产缺省入账科目:1601
累计折旧缺省入账科目:1602
增值税进项税额缺省入账科目:22210101
固定资产清理缺省入账科目:1606

3. 部门对应折旧科目(如表 21 所示)

表 21 部门对应折旧科目

部 门 名 称	贷 方 科 目
办公室、财务部、人事部、采购部	管理费用/折旧费(660206)
销售部	销售费用(6601)
生产车间	制造费用(5101)

4. 固定资产类别(如表 22 所示)

表 22 固定资产类别

类别编码	类 别 名 称	使用年限(年)	净残值率	计 提 属 性	卡 片 样 式
01	房屋及建筑物			正常计提	通用样式
011	行政楼	30	2%	正常计提	通用样式
012	厂房	30	2%	正常计提	通用样式
02	机器设备			正常计提	含税卡片样式
021	办公设备	5	3%	正常计提	含税卡片样式

5. 固定资产增减方式(如表 23 所示)

表 23 固定资产增减方式

增 加 方 式	对应入账科目	减 少 方 式	对应入账科目
直接购入	银行存款/建行存款(100201)	出售	固定资产清理(1606)
投资者投入	实收资本(4001)	投资转出	长期股权投资(1511)
捐赠	营业外收入(6301)	捐赠转出	固定资产清理(1606)
盘盈	以前年度损益调整(6901)	盘亏	待处理资产损溢(1901)
在建工程转入	在建工程(1604)	报废	固定资产清理(1606)

6. 固定资产原始卡片(如表 24 所示)

表 24　固定资产原始卡片

卡片编号	00001	00002	00003
固定资产编号	01100001	01200001	02100001
固定资产名称	办公楼	一车间	电脑
类别编号	011	012	021
类别名称	行政楼	厂房	办公设备
部门名称	办公室、财务部、人事部、采购部、销售部各 20%	生产车间	财务部
增加方式	在建工程转入	在建工程转入	直接购入
使用状况	在用	在用	在用
使用年限(年)	30	30	5
折旧方法	平均年限法(二)	平均年限法(二)	平均年限法(二)
开始使用日期	2014-01-08	2014-03-10	2014-06-01
币种	人民币	人民币	人民币
原值(元)	400 000	443 000	7 000
净残值率(%)	2	2	3
累计折旧(元)	45 000	51 500	1 500
对应折旧科目	管理费用/折旧费	制造费用	管理费用/折旧费

7. 新增固定资产

2020 年 1 月 15 日销售部购入复印机一台，预计使用年限为 5 年，无税单价为 3 000 元，增值税税率为 13%，净残值率为 3%，采用"年数总和法"计提折旧。

8. 修改固定资产卡片

将卡片编号为"00003"的固定资产(电脑)的折旧方式由"平均年限法(二)"修改为"年数总和法"。

9. 计提固定资产折旧

计提本月固定资产折旧。

10. 账套输出

全部完成后，将账套输出至"附录 2-7 固定资产"文件夹中。

实验八　应收款系统

📢 实验准备

已经完成了实验三的操作。

📢 实验要求

由 801 号操作员完成以下工作。

(1) 初始设置

(2) 录入期初余额

(3) 进行日常业务处理

📢 实验资料

1. 初始设置

(1) 选项设置

● 坏账处理方式为"应收余额百分比法"。

● 按信用方式根据单据提前 7 天自动报警。

(2) 基本科目

应收科目为"1122 应收账款",销售收入科目为"6001 主营业务收入",税金科目为"22210105 应交税费/应交增值税/销项税额",销售退回科目为"6001 主营业务收入",商业承兑和银行承兑科目为"1121 应收票据",票据费用科目为"6603 财务费用"。

(3) 结算方式科目

现金支票、转账支票、电汇、商业承兑汇票、银行承兑汇票结算方式科目均为"100201 建行存款"。

(4) 坏账准备

提取比率为"0.3%",坏账准备期初余额为"0",坏账准备科目为"1231 坏账准备",坏账准备对方科目为"6701 资产减值损失"。

(5) 账龄区间

总天数分别为 120 天和 240 天。

(6) 报警级别

A 级时的总比率为 20%,B 级时的总比率为 30%,总比率在 30%以上为 C 级。

2. 期初余额(如表 25 所示)

表 25　期初余额

单据名称	方向	开票日期	客户名称	销售部门	科目编码	货物名称	数量	无税单价	价税合计
销售专用发票	正向	2019.12.12	北进	销售部	1122	纯棉毛巾	1000	30	33 900
销售专用发票	正向	2019.12.22	南达	销售部	1122	羊绒围巾	80	500	45 200
其他应收单	正向	2019.12.22	南达	销售部	1122	代垫运费			109
收款单(电汇)	正向	2019.12.16	南达	销售部	2203				10 000

3. 日常业务

(1) 2020 年 1 月 5 日，收到北进公司签发并承兑的商业承兑汇票一张(No.190105)，面值为 10 000 元，到期日为 2020 年 3 月 5 日，用以支付前欠部分货款。

(2) 2020 年 1 月 8 日，向北进公司销售羊绒围巾 20 条，无税单价为 500 元，增值税税率为 13%。

(3) 2020 年 1 月 10 日，收到北进公司银行承兑汇票一张(No.190110)，面值为 11 300 元，到期日为 2020 年 1 月 28 日，用以支付上笔货款。

(4) 2020 年 1 月 16 日，向南达商贸城销售纯棉毛巾 300 条，无税单价为 30 元，增值税税率为 13%，以现金代垫运费 218 元。

(5) 2020 年 1 月 18 日，收到银行通知，收到南达商贸城以电汇方式支付购买纯棉毛巾 300 条的货税款及代垫运费款 10 388 元，进行收款核销。

(6) 2020 年 1 月 20 日，将 2020 年 1 月 5 日收到的北进公司签发并承兑的商业承兑汇票(No.190105)送到银行贴现，贴现率为 6%。

(7) 2020 年 1 月 20 日，经三方同意将"北进公司"期初 20 000 元期初货款转为向南达公司的应收账款。

(8) 2020 年 1 月 28 日，将 2020 年 1 月 10 日收到的北进公司的银行承兑汇票(No.190110)进行结算。

(9) 2020 年 1 月 28 日，将南达公司期初应收账款 45 309 元转为坏账。

(10) 2020 年 1 月 28 日，计提坏账准备。